日本頂尖執事教你
察言觀色
的28堂課

May I
help you?

新井直之 |著

陳美瑛 |譯

前言

　　與他人見面數秒之內就知道對方腦中想什麼、一次的洽談就知道案子會不會順利進行，你身邊是否有這種人存在？

接待世界級貴賓必須具備「觀察技巧」

　　我目前擔任日本 Butler & Concierge 株式會社負責人，本公司的業務是為世界級的貴賓與名人提供執事服務。由於本公司的服務深受社會各界好評，因此只要是與執事題材相關的電視劇或電影，都會委託我擔任專業執事的指導。

　　本公司的客戶都是一些認為得到最高等級的服務是理所當然的人。因此一般的服務水準無法滿足他們的需求，他們要的是「最高等級的執事服務」。

　　各位知道提供最高等級的服務時，最重要的是什麼嗎？是舉止有禮？還是心思細膩？答案都不是，最重要的就是每個執事的「觀察技巧」。

　　所謂觀察技巧，就是在對方開口說話之前，就先察覺對方內心的需求並付諸行動，也就是聞一而知十，並提供滿意的服務。還有，執事必須能夠事先觀察到意外狀況，並且毫不延誤地排除意外狀況，及時完成工作。

辦事能力強的人觀察力也好

舉例來說，主管加班到半夜十二點時告訴你：「莫斯科的客戶明天會來日本，對方希望我們幫他準備從東京飛大阪的機票。」若是一般人，可能只會依照主管的指示訂機票。

不過，具備觀察力的執事不一樣。首先，他會先「觀察」下指令的主管。

在跨日期的時間點上提到「明天」時，一般都是看著時鐘或日曆說出日期或星期。

如果觀察的結果發現對方沒有做出這項動作，就要注意「主管做出指示時，可能不知道目前的時間點」，自己就要主動說出具體的日期向主管確認，這樣就能夠預防機票日期出錯。

另外，東京的機場有羽田與成田兩個機場。如果查詢後就會知道，從莫斯科出發的航班多半會降落在成田機場，「分析」客戶搭乘的班機極可能會抵達成田機場，並與主管確認。

然後，假如客戶的班機預訂抵達成田機場的話，接下來的航線安排不是成田－羽田－伊丹，而是直接從成田到大阪伊丹機場比較方便。建立這樣的「假設」並提出建議。

同時還要事先查詢客戶預訂抵達日本那天的氣象狀況。如果天氣狀況惡劣，也要預約新幹線的車票。

更進一步地「分析」客戶特地拜託日本這邊幫忙訂票，表示這位客戶來日本的次數可能不多，所以「假設」客戶搭新幹線前往大阪時，看到象徵日本的富士山會很開心，所以安排方便看到富士山的座位。

把練習觀察化為習慣很重要

　　有人認為觀察力是與生俱來的能力。其實只要努力學習，任何人都能夠學會這項技巧，像我自己本身就是後天才學會說話技巧的。

　　我從自己的經驗歸納出若想學會觀察技巧，則必須具備「觀察力」、「分析力」、「假設力」等三種能力。

　　我將會在序章詳細說明。如果能夠培養這三項能力，將成為善於觀察的「成功者」。

　　本書將透過日常生活中經常遇到的情況，介紹各位培養這三項能力的練習方法。

　　不過，練習時千萬要注意一點，那就是只練習一次是不會看出結果的。請務必明白，將此行為化為習慣之後，才能夠學會這項技巧。

　　如果能夠幫助各位將本書的練習方法化為習慣，並學會觀察技巧，更進一步成為「成功者」的話，自是我的榮幸。

※「執事」一詞為日文，原意有高級管家的意思，中文通常譯為「管家」。為切合其職業含意，本書內文維持沿用「執事」二字。

目錄

第1章

在公司內部鍛鍊「觀察力」

第2章

在公司外鍛鍊「觀察力」

第3章

在外出地點鍛鍊「觀察力」

9

第4章

在家中鍛鍊「觀察力」

序章

本書的使用說明書

—— 何謂「觀察力」、「分析力」、「假設力」？

引言

· · · · ·

為什麼觀察對方的
心情或想法＝敏銳的「直覺」？

這三十年來我一直擔任執事的工作，也負責培育新人。除了教育新人之外，同時擔任本書的解說員。首先讓我來說明何謂觀察力吧。

我從某公司的業務轉行，今年開始從事執事工作，是三十二歲的執事新手。不懂的事情還很多，希望與各位一起學習。請多多指教。

觀察力是敏銳的「直覺」

本書將說明如何培養在對方開口之前，就已經觀察到對方的心情與想法，並起而行動的能力。

進入實際的練習介紹之前，讓我先說明何謂「觀察力」吧。

觀察力就是敏銳的「直覺」。「直覺」敏銳的人由於能夠預先處理事物，所以會被身邊的人視爲具有辦事能力的人。

那麼，所謂的「直覺」到底是什麼呢？

女性的「直覺」是觀察的利器

提到「直覺」，大家都會說女性的「直覺」最敏銳。那麼，爲什麼女性會擁有敏銳的「直覺」呢？其實那是因爲女性觀察細微。

女性會清楚地看到男性沒有察覺到的細微之處，這是因爲女性本身會講究細節的緣故。

舉例來說，女性會仔細地修剪指甲，選擇搭配服裝的耳環等，講究種種細節。

由於女性的觀察力優於男性，所以她們不會忽略微小的變化。這也就是爲什麼男人在外面偷腥，經常會被發現的緣故。

感受到對方的念頭或想法，就是觀察力

若想要培養敏銳的「直覺」，就必須訓練三種能力，分別是「觀察力」、「分析力」、「假設力」。

首先是觀察力。這與前面提到的女性「直覺」是一樣的，也就是察覺細微變化的能力，感受到對方不經意散發出來的訊息或主張。

舉例來說，透過對方的行為、表情、服裝或隨身物品等，讀取對方在不自覺當中散發的訊息或主張，或是經由握手時微妙的力道變化與對方的說話方式等，感受到與平常不同的變化等等。

　　腦中經常提醒自己「這是不是有什麼含意？」，同時觀察對方，如此才能夠培養觀察力。

　　例如，與你見面的客戶今天繫什麼顏色的領帶？我想事後能夠回想起來的人應該少之又少吧？

　　就像這樣，若不想模糊地面對對方的話，對事物賦予意義就很重要了。

　　也就是說，如果為事件賦予意義，事先在腦中輸入「領帶的顏色與對方的性格有關」的定義，大腦就會主動意識領帶顏色並下指令讓眼睛觀察，自然就會記住領帶的顏色。

　　定義輸入腦中的事物，請先使用本書介紹的案例練習看看，習慣之後再自己嘗試衍伸應用。例如「領帶的顏色有意義的話，表示衣服的顏色可能也有意義囉？」

　　習慣衍伸應用之後，就請為每件事情都賦予意義吧。這麼一來，腦中各種定義的抽屜就會越來越多。「定義的抽屜越來越多」，就代表你的觀察力越來越好。

分析力也能夠透過定義事物鍛鍊

　　分析力就是定義觀察後所獲得的想法，或是整理事物、有系統地思考、歸納等能力。

　　分析力是透過經驗而得。只是，分析力與觀察力一樣，如果面對事物時抱持著含糊的心態面對，那麼就算經驗過也不具任

何意義。

重點在於經驗各項事物時，要以「任何事物的發生都有其理由」為前提來思考。分析力與觀察力一樣，要習慣為任何事物定義。

透過這樣的做法，腦中各種定義的抽屜就會越來越多。

假設力是預測未來的能力

最後的假設力就是利用觀察・分析所蒐集到的資訊或想法，來預測未來的能力。由於是利用觀察・分析的結果來預測，所以有確實的依據。

假設力也稱為「預測力」。若是一般人，就算預測也只是領先一步而已，而具有假設力的人則可以領先三、四步之遠。

例如，執事與主人約在外面會合時，就需要運用強大的假設力。

假設三天後的下午四點，執事要從東京到九州的福岡去迎接主人。這種時候絕對不允許遲到。因此這時候就要預設最壞的狀況並且建立假設。

「由於飛機經常誤點，所以搭新幹線好了」、「不過，有時候也會遇到交通事故導致電車停駛，還是先把車子準備好，必要時開車過去」。甚至「萬一發生無論如何都無法過去的情況，就請其他的執事隨時待命」。

隨著經驗的累積，假設力可以預測好幾步之後的狀況。如果一開始就以這種高度的預測力為目標，很容易遭遇挫折，所以最開始只要能夠考慮一、二步之後的情況就可以了。

第一步就是先閱讀本書，養成建立假設的習慣，接著不斷重

複練習，直到具有初步的假設能力，然後才有可能培養出「觀察力」。

接下來，我將介紹具體的練習方法。

還有，在每個單元的首頁中，我都會各自標明此單元有助於培養「觀察力」、「分析力」、「假設力」中的哪幾種能力。

如果下定決心「一定要培養○○能力」的話，那麼就請參考標記，選擇適當的練習項目吧。

第1章

在公司內部鍛鍊
「觀察力」

透過合作對象的
隨身物品鍛鍊

 觀察力　 分析力

從皮包、名片夾與文具
判斷對方對於工作的自豪程度

工作上使用的物品，只要能夠完成工作不就好了
嗎？

這很像背帆布包上班的你才會講的話。這樣的行為
就像是公告大眾，你對於自己的工作一點都不感到
驕傲喔。

外人目光所及之處是否用心？

從合作對象所持的皮包、名片夾與文具，就能夠看出這個人對於自己的工作的自豪程度。

皮包、名片夾與文具是經常會被外人看到的物品。對於工作感到自傲的人應該會非常重視這些用品。

總之，對於使用物品的講究程度，呈現了這個人對於自己的工作的自豪程度。

是否選擇符合
TPO（Time、Place、Occasion）的物品？

那麼，使用什麼東西表示自豪程度高，使用什麼東西又表示自豪程度低呢？

簡單說就是指「經過選擇的東西」。絕對不是使用昂貴的東西就好，而是從對方是否使用符合場合的東西來衡量此人對於工作的自豪程度。

舉例來說，明明可能會簽立重要的合約，身上卻只帶著在活動中拿到的原子筆贈品，或是要拿名片給客戶時，不是從名片夾取名片，而是從皮夾拿出名片。不得不說這種人對於工作的自豪程度很低。

執事的自言自語

執事平常不會隨身攜帶自己的皮包。這是為了保持兩手空空，必要時能夠為客戶服務的緣故。當然也有例外的時候，不過平常身上頂多只會帶行動電話與現金而已。

相反的，會搭配 TPO 選擇符合自己風格的物品的人，他們對於工作的自豪程度較高。

以執事的工作為例，要隨時記得攜帶具有品味的文具。由於經常有機會代替客戶撰寫書信或填寫文件等，這種時候藉由注意文具的挑選，自然就會幫客戶注意書寫內容。

透過這樣的做法，希望客戶至少能夠感受到我們的誠實程度。

真正的名人不拿皮包

名人客戶們都非常在意會被旁人看到的各項隨身物品之品質。

例如，就算是在快遞簽單上蓋章的印章，或是簽名所使用的原子筆等，他們也會使用手刻印章，而非文具店就買得到的現成印章，或是使用具有質感的原子筆。

名人們對於皮包也很講究。女性多半會使用名牌包，男性的話，特別是職場上使用的皮包，大多會講究功能性。

不過真正的名人經常會帶著隨身祕書，所以也會看到兩手空空「不拿東西」的情況。

執事的自言自語

執事這個工作經常會接到奇妙的委託案件。以某客戶的委託工作為例。客戶說：「我想親自送禮物給住在福岡縣的朋友。不過我沒有時間從東京過去，也無法請人代理，所以想請你們趁對方不在家的時候，悄悄地把禮物放在他家門口。」

真正的富豪是不拿皮包等東西的。

観察力 鍛鍊方式・實踐的重點

培養觀察對方隨身物品的習慣

在這裡舉出皮包、名片夾、文具等物品作為觀察對象。不過這三項物品充其量只是代表性的例子而已。如果對方是業務員就要觀察他的鞋子，若是修理工人就要觀察他的工具等等，總之就是仔細觀察對方使用的物品。還有，培養觀察的習慣非常重要。

不只是工作方面，例如在飯店登記住宿時，觀察櫃台上置放的文具是否講究；簽立保險文件時，觀察保險員使用什麼樣的文具等，各種場合都可以觀察。

在這裡提出一個建議。講究隨身用品的人，多半也會觀察對方所使用的用品。也就是說，要記得觀察者自己本身也是別人的觀察對象，所以某種程度要打理好自己的隨身用品。

分析力　鍛鍊方式‧實踐的重點

透過講究程度而非價格高低來分析自豪度

從對方的隨身物品來分析其對於工作的自豪度時，判斷的重點應該是講究程度，而非價格高低。

就算不是高價物品，如果對方是以自己在意的標準來選用的話，也等於是他對於工作的自豪呈現。

鍛鍊分析力時要注意一點，那就是不同的工作領域或種類，講究的面向也會不一樣。

以文具用品為例，擔任執事工作的人，通常會使用看起來簡潔穩重的文具用品。

不過，若是從事創意工作的人，可能就會使用鮮豔色調或是具有特殊造型的文具用品來引人注意。

因此，依著工作的領域或種類的不同，講究的面向也會不一樣，以此為前提進行分析非常重要。

想我冒昧來為各位做個總結。

一邊考量對方的職業種類，
一邊觀察對方對於工作的
自豪程度與隨身物品的相關性。

觀察對方的隨身物品與對於工作的自豪程度。習慣比較這兩者的關係，將能夠鍛鍊你的觀察力。這時，對於隨身物品的講究面向，會因工作領域或種類的不同而產生差異，這點也要納入考量範圍。

必須看清楚對方有多講究隨身物品，而不是使用多昂貴的東西。

對於隨身物品越講究，工作的自豪程度也就越高吧。

觀察力　 分析力

透過約見面的日期與時間
試探對方的認真程度

日程表			日	
1一			8日	
2二	13:30 A公司		9二	13:30 F先生
3三	16:00 N先生		10三	13:30 Y先生
4四			11四	13:30 B公司
5五			12五	

這好像占卜啊,就好像週一是你的認真日一樣。

稍微動一下腦筋好嗎?如果思考星期幾與時段所代表的意義,即便是你這樣的人,答案也可能會自動出現。

訂週一或週五見面代表對方是認真的

撇開純粹注意「只剩下這幾天還沒填滿」的情況，與合作客戶約見面時，從對方指定的星期與時段，就可以看出對方的認真程度。

首先是關於星期幾的決定。

在週末休假的情況下，如果對方預訂週一或週五，表示對方認為這次見面相當重要。週一是精神、體力都非常充足的狀態，週五則是隔天休假，可以不用在意後面的時段安排，慢慢進行會談即可。

其次是時段。

基本上，約見面都是以上午十點、下午一點、三點、五點等時段安排。

若是約十點，表示對方在此之前沒有其他約會，所以能夠準時開始。

如果是下午一點開始，由於是中午休息時間結束後的時段，也可以放心開始。

下午三點到五點的約會有兩小時的充裕時間可以運用。

下午五點以後見面的好處是，不用在意後面的時間。如果雙方談得很熱絡，也不用擔心時間的問題而非得結束會議不可。

執事的自言自語

奇妙的委託案件之二。在一年只來日本幾次的外國客戶家裡，有一個泡澡用的檜木桶。由於檜木若放任不管的話，木頭會乾燥而裂開。因此我接到「一星期去放兩次水」的委託。客戶還說：「你放了水順便泡澡也沒關係。」

約 13：30 的時段證明對方不重視這次約會

反過來說，如果是不符合以上條件的預約時間，可以判斷對方不是認眞的。也就是說，如果對方預約週二、三、四這幾天，表示對方認爲這次見面不是太重要。

以私人時間來比喻或許比較容易明白。例如，與重要的人約會一定是希望兩人能夠悠閒度過，所以比起一星期的中間幾天，重要約會通常都會訂在週五這一天吧。

另一方面，如果不是想積極參與的聚會，訂在一星期的中間日子，就可以藉口「明天一早有工作」而提早離席。

關於時段也是同樣的邏輯。

十一點的約會到中午十二點，只有一小時的時間可用，下午四點到下班時間的五點也一樣，只有一個小時。由此可以看出對方對於這個約會不是非常認眞看待。另外，X 點三十分的時間安排，可能表示對方認爲這次見面可有可無。總之，約在這樣的時間就等於表明只想見你三十分鐘。

特別是下午一點三十分的時間，極可能是對方想優閒地享用午餐而訂出的時間，也可能是爲了避免遲到，所以特意安排一個不前不後的時間。不過，大體上對方還是認爲這是一個可有可無的會面。

執事的自言自語

奇妙的委託案件之三。我曾經接到主人指示：「屋內的時鐘包含秒針全部都要調整到一致的程度。」除了時鐘本身就會有誤差之外，每個房間裡的時鐘還多達四個，真是非常辛苦的差事。每隔三小時就要動員所有執事檢查一次。

根據對方安排約會的方式選擇合作公司的名人

我的一位客戶是某家公司的經營者，他確實是根據對方安排約會的時間來評斷對方的認真程度。

舉例來說，他打算從三家公司中挑選一家來合作事業。

因此，他請這三家公司安排一、二個月後，還沒有安排其他約會的時間見面。這時，他給了週一、週二與週三等三天，請對方選擇。

透過這樣的方式，他認爲選擇週一見面的公司是認眞思考合作，於是決定選擇這家公司。

他也特別重視週五這一天。

「星期五這一天不只是因爲隔天放假心情較爲輕鬆，也是大部分的人希望盡量早點回家的日子。但是不顧自己心情的放鬆而特意約在這天，可見對方非常重視這次的會面。」

另外，他對於時段的挑選也有自己的見解。

「如果希望仔細思考、充分討論，就要盡量訂在下午，可以的話最好是三點以後。」這是因爲上午的時段比較需要忙於處理前一天工作的後續與連絡。

實際上，優秀的業務員都希望把約會訂在傍晚。另外，保險員都希望客戶能夠慢慢地聽自己解說，所以通常也會避免把約會訂在上午的時段。

觀察力 鍛鍊方式‧實踐的重點
提供不同的日子與時段讓對方選擇

安排約會時，你會不會隨便訂一天呢？若是這樣的話，就請修正爲以下的方式吧。

提出週一或週五與同星期的其他日子，然後觀察對方會如何選擇吧。

時段也分為上午、下午一點、四點等各選項，詳細觀察對方的決定。

分析力 鍛鍊方式‧實踐的重點
試著預測對方是否重視這次約會

若對方選擇週一或週五，可以推測對方重視這個約會，若選擇週二、三、四，則推測對方不重視這次約會。

時段方面，如果對方選擇十點、下午一點、三點、五點表示重視，除此以外的時間或挑選不前不後的時間，則可以推測對方並不特別重視這次的會面。藉著見面的機會觀察對方的態度，來確認自己的猜測是否準確吧。

恕我冒昧來為各位做個總結。

提出不同時段的選項，
推測對方的認真程度。

安排約會時，不是籠統地詢問對方「哪一天可以呢？」，而應該習慣地提出不同日子的不同時段讓對方選擇。這樣做才能夠訓練觀察力。

這樣啊！原來就是比較約見面的日子及時段，與洽談的結果進行驗證。

沒錯。不過也要記得，如果對方是大忙人，這樣的驗證可能就會失效。

觀察力　 分析力

從電子郵件的簽名欄
看出對方的自尊心高低

> 電子郵件的簽名欄中寫滿地址、電話等訊息啊，
> 這樣對方不就可以馬上知道所有資訊嗎？

> 你這樣不僅失禮，而且也是非常膚淺的想法。如果
> 是觀察入微的人來看，透過簽名欄，對方的性格就
> 可以完全暴露出來囉。

你的電子郵件簽名欄是否加入「職稱」？

從電子郵件的遣詞用字，隱約可以看出寄件者的性格。不過，郵件結束部分的簽名，也一樣會看出寄件者的特性。

從來不曾注意這件事的人，請務必回頭看看以前工作上往來的信件。

若是重新檢視也看不出所以然的話，就讓我來告訴各位吧。透過簽名欄來檢視的重點，就是看簽名欄中是否加上職位等「頭銜」。

拘泥職稱＝自我表現的象徵

第一次傳送郵件時，由於對方不知我方的職別，所以會加上職稱等以示通知，這是可以理解的。

不過，一般的郵件不是都寄給見過面的人嗎？對於已經見過面、交換過名片，有一面之緣的人，在信件結束部分的簽名欄特地加上自己的頭銜，這種做法完全沒有意義。

那麼，為什麼要特意加上自己的頭銜呢？

這種做法只是為了讓對方知道自己的職位有多高。簡而言之，就是自我表現的手段。

執事的自言自語

奇妙的委託案件之四。我曾經接過這樣的委託案，由於客戶的小孩上的學校禁止家長接送小孩，所以客戶委託我們跟蹤小朋友上學。為了不讓小朋友發現，跟蹤的距離時近時遠，有時候也會換人跟蹤。該不會連跟蹤的技巧也要學會吧……

真正的名人寧可隱藏自己的頭銜

另一方面，聘請我們這些執事的真正富豪、真正身分地位高的人士，會盡量隱瞞自己的身分。這是因為他們十分明白暴露自己身分的風險。

名人們不知道自己曾在什麼時候招惹他人。例如，假設是擁有連鎖店的公司老闆，公司新開的店導致當地的商店關門大吉，受到影響的店家可能因此對這家公司的老闆懷恨在心。

因此，名人經常要求執事一定要注意，千萬別洩漏他們的身分地位。

例如上下車時，如果司機打算開車門，客人自己會立刻制止並由自己開門。車子抵達飯店等目的地時，他們也會指示我們不要到門口迎接。

就像這樣，真正的名人會非常小心地避免洩漏身分。因此，他們不可能會特意在郵件的簽名欄中寫上自己的頭銜。另外，知名大企業的老闆中，有人不見得會使用自己公司的名片，而是使用自己主持的公益團體或個人公司的名片。

執事的自言自語

有許多客戶會指定執事的年紀。各位覺得幾歲的執事最受歡迎呢？其實，完全沒有客戶指定年輕人。執事最受歡迎的年齡層多半集中在五、六十歲的區段。以年輕執事為主角的漫畫，與現實情況是不一樣的。

名人平時是非常樸素的。

[觀察力] 鍛鍊方式・實踐的重點

確認簽名欄裡是否有職稱或祕書的連絡方式

首先要先確認對方的郵件簽名是否有職稱。若有職位名稱，請看其登載的內容。

經營高層寄來的電子郵件中，是否加上「社長」、「CEO」、「Vice President」等職稱？

這就是觀察重點之一。

另一個觀察重點就是簽名欄裡是否有祕書的連絡方式。我將會在下一段的「分析力鍛鍊方式・實踐的重點」中詳細說明。這裡只要先記得，如果有祕書的連絡方式，就要用心對待。

如果工作上不太需要與各式各樣的人往來，就請看臉書等社

群網站。就算是以個人交流爲主的社群網站，也會發現特意填上自己公司職稱的人。對於這種人，「社會地位這麼高，還願意與我交朋友，眞是謝謝啊」，請抱持著這樣的態度應對吧。

分析力 鍛鍊方式·實踐的重點
如果是 CEO，就抱持著最高的敬意應對

首先，如果郵件的簽名欄加了職稱，可以充分顯示對方具有強烈的自我表現欲望。

其次，簽名欄中加上 CEO 或 Vice President 等職稱時，就要思考對方的公司規模。

假如是大規模的外商企業，冠上 CEO 的職稱是非常自然的。但是如果公司只與國內客戶交易，而且員工只有數人，這樣的公司老闆冠上 CEO 的職稱，更容易讓對方感覺這種人很難應付吧。Vice President 這種看不出到底有多偉大的英文職稱也是同樣的意思。

還有，明明就是一人公司，卻還要冠上 CEO 的頭銜，表示這種人擁有極爲強烈的自我表現欲望，與這種人相處必須小心。

簽名欄裡加上祕書的姓名與連絡資料時，表示我方要提高謹愼度。因爲這個訊息透露出「你不要直接與我連絡，請透過祕書安排」。對於這樣的人物就必須抱持最高的敬意對待才行。

恕我冒昧來為各位做個總結。

瞭解簽名欄發出「我很偉大」的訊息，然後思考應對方式。

首先，如果郵件的簽名欄加上職稱，就要知道對方可能具有難纏的性格。由於較難取悅，所以必須更用心思考應對方式。若能夠做到這些，就能夠鍛鍊綜合性的觀察力了。

如果簽名欄加上頭銜，無論如何就是「要注意！」的意思吧。

針對這類人士，由於他們把自己置於比常人所認知的還要高的地位，若不想被討厭，抱持著最高敬意的態度應對非常重要。

觀察力　分析力

從名片內容
看出對工作的責任感

地址：祕密！
電話：隱私 ♥

名片上的資訊大致上不是都一樣嗎？

因為你毫不在意地拿名片，所以就會忽略許多資訊。如果仔細觀察，就會瞭解對方或對方公司更深入的部分。

有責任感的人會寫上手機號碼

名片上是否出現某項資訊，可以看出此人對於工作的責任感。

那項資訊就是行動電話號碼。

通常，名片上會印出自己的姓名、公司名稱、公司地址與電話、職稱以及電子信箱等資訊。

基本上有這些資訊就已足夠，那麼為什麼還要加上手機號碼呢？

首先，這是一種責任感的表現，宣告「我不會躲避客戶」、「我會即時應對」。

其次，這也是通知對方自己不僅在上班時間，連休假日也會處理公事，充分呈現自己負責任的態度。

大部分開個人工作室的人都會在名片上加上手機號碼、私人的電子信箱。

相反地，沒有印上手機號碼的人，表示不想在私人時間處理公事，是公私分明的人，因為「受不了在下班時間或休假日還要談公事」。

如果是公司的制式名片就不在討論之列，如果是個人可以決定名片內容的情況，就可以以此為標準，判斷此人對於工作是

執事的
自言自語

名人不會在自己的名片中加入無謂的資訊。名片一旦交給別人後就與自己無關。由於不知道名片會被如何使用，所以名人們會非常注意不要洩漏太多資訊，免得招致不必要的風險。

否有責任感。

透過名片也會知道公司的立場與主張

如果名片的格式是由公司決定，看到名片就可以大致瞭解該公司的政策，或是對於客戶的態度。

有的公司會印上環保標誌，藉以宣揚公司「認真面對環境問題」的主張。也有熱衷於買賣的公司會印上自家的品牌名稱或商品名稱作為廣告宣傳。不過，在這裡特別要注意的是「沒有資訊」的情況。

例如，如果連絡電話只印公司的總機號碼，表示公司重視公司員工更勝於客戶。

因為若是客戶打了客訴電話或做出無理要求時，總機就可以把這樣的電話擋下來。

典型的例子就是大型金融機構。如果實際打了名片上印的電話號碼，別說是分公司了，有時候甚至是接到客服專線之類的全國性代表號碼。

像這樣的情況，很難想像若想找到名片上的人，不知得經過幾道關卡呢。

執事的
自言自語

電視上曾經報導好萊塢巨星到日本之後，在店裡消費了好幾千萬日圓的新聞，一時蔚為話題。不過，真正的名人不會像這樣大排場地消費。大部分的名人不會為了買東西而出門，他們會請賣家帶商品來家裡展示供其選購。

也有人把名片當成推銷用的廣告。

與名人做生意,名片上一定要有手機號碼

執事的名人客戶們不會親自去店裡購物,多半是叫業者帶商品來家裡展示。

這些以富豪為交易對象的賣家們無一例外,名片上都會印有個人的手機號碼、電子信箱資料,甚至是自家的電話號碼。

「有任何問題的話,我馬上趕過去」、「若有不清楚的地方,就算週末假日也請不要客氣,儘管打電話連絡」,像這樣邊說邊遞出名片。其實許多人會讓對方看到自己這樣的態度而獲得名人們的信賴,自然生意就能做得長久。

鍛鍊方式‧實踐的重點

確認寫在名片上的訊息與沒寫在名片上的訊息

收到名片時，要習慣確認寫在名片上的訊息與沒寫在名片上的訊息。

是否有手機號碼？電子信箱是私人信箱嗎？公司電話號碼是總機還是直播號碼等等，這些都要一一確認。

分析力 鍛鍊方式‧實踐的重點

從名片資訊分析對方或是公司的立場

個人決定名片內容的情況可以看出個人態度，若是公司的制式名片，則能夠分析公司的立場或政策。

例如，連絡電話只寫公司代表號碼的話，則能夠推測公司重視自己的員工或公司多於客戶。

如果名片上印有個人的直撥電話甚至手機號碼，則可以判斷對方或公司對於這項工作具有責任感。

另外，觀察名片上是否著力於廣告宣傳，使用什麼樣的材質等等，都能夠瞭解該公司的現狀。

恕我冒昧來為各位做個總結。

一張名片也可以看出
對方或公司對於工作的態度。

從一張僅僅數公分長寬的紙張，也能夠看出對方或者公司對於工作的立場或政策。甚至，透過名片的內容、紙質等，也能夠看出該公司的現狀。請特別注意這點。

從那麼小的一張紙也能夠讀取各種資訊呢！

重點在於沒有寫出來的資訊。如果名片上只印出公司的代表號，這只會讓人認為對方想規避責任吧。

觀察力　分析力　假設力

試著出席與
自己無關的會議

新型胸罩

什麼!?

試穿結果問卷調查

做那麼無聊的事情有什麼好處嗎？

正因為是與自己無關的會議，所以能夠以冷靜的態度觀察。還有，培養這種「覺察力」，對於自己未來的工作也可能會有幫助。

若是與自己無關的會議就能夠冷靜看待

通常我們都只會出席與自己有關的會議吧。

不過在與自己有關的會議中，很難冷靜地說出自己的想法，「這件事情非說不可」、「會議的討論一定要往這個方向進行」等堅持，都是因為我們想到自己的角色才會說的。

然而，若是與自己無關的會議就能夠切割情緒的連結，「無論做出什麼結論都與自己無關」，也能夠客觀地思考。因此，就算討論類似的議題，也會想出完全不同方向且具有建設性的意見。

就像這樣，若以第三者的立場出席會議，就會看出許多在與自己有關的會議中所看不到的問題。

例如，為了堅持己見而破壞會議氣氛的人、竭盡所能奉承社長或高級主管的人、一味地反對卻完全不說出自己意見的人。宛如是看著一場猴戲的心情。

如果難以理解參加與自己無關的會議時的心情或立場，請想想運動解說員的例子。

運動場上的運動員為了比賽拼命地發揮實力。不過，解說員不是運動員，勝負與自己無關，而且在運動場上比賽的也不是自己，因此解說員能夠以冷靜的眼光分析賽場上的各種狀況。

> **執事的自言自語**
>
> 執事的工作有什麼限制嗎？其實並沒有特別的規定。只是，犯法或違背善良風俗的工作當然是不可以做的。我們經常接到的委託是金錢方面的糾紛，請我們前去談判，不過這是只有律師才辦得到的業務範圍。

對於自己的工作也有幫助

就像這樣，如果找機會參加與自己無關的會議，就會瞭解自己應該扮演什麼樣的角色，這對自己非常有幫助。

若在這樣的會議中發現有人與自己的立場類似，就會察覺「啊，我平常在會議中就是這種模樣呀」，或是「原來如此，也有這樣的做法」，藉此機會改正或學習。

另外，如果有人的發言跟自己一樣也同樣遭受攻擊，就會明白「就是因為說了這種話才會被攻擊的呀」。從下次的會議開始，就能夠改善自己的發言方式了。

甚至，由於能夠俯瞰整個會議狀況，所以也會想出應該進行的方向或解決對策。

由於執事的建議而有利於遺產繼承的案例

執事由於工作的關係，經常會出現在討論現場。

從陪伴身體狀況不佳的社長出席董事會議，到是否要讓兒子出國留學的家庭會議等，會議規模有大有小。

當然，在這樣的會議中沒有我們執事說話的餘地。不過，由於執事的工作是支援所服侍的人，所以如果發現有利於主人的情況，我們就會在會議後提出建議。

執事的自言自語

我公司裡的執事群擁有各種資格與證書。例如醫師執照、侍酒師資格、小型船隻一級資格等等。不過，最有用的還是駕照。無論是接送或洗車等，開車的機會非常多，所以一定得具備駕照才行。

例如，遺產繼承。名人的遺產金額都非常龐大，所以家人或親戚之間經常會爲了遺產的分配而發生糾紛。

當然，就算執事被要求出席這種家庭會議，我們也完全不會發表自己的意見。不過，如果客觀觀察，就會看出家人或親戚之間的權力關係、說出意見一定會遭反對的人、敵人是誰、同伴又是誰等等各種狀況。

這麼一來，腦中就會浮現對主人有利的想法，然後就會在會議之後提出「可以如此進行」的意見。

結果沒想到這個想法反倒成爲一個妙計，使得親戚之間的權力關係改變，或是繼承遺產的條件變好等等。實際上眞的發生過這樣的案例。

觀察力 鍛鍊方式・實踐的重點
應該觀察的是人際關係

本單元強調的大前提是出席與自己無關的會議。別因爲工作忙碌或擔心遭受異樣眼光就感到猶豫，請積極參與吧。

在會議中要觀察的重點是人際關係。

瞭解與會者所提的意見或會議內容固然重要，不過如果注意與會者之間的權力關係則更有幫助。例如，無論 A 說了什麼意見，B 一定會同意，或是 D 部長一定會反對 C 部長的發言等等。

更進一步要注意的是，有人提出重要意見後，其他人的後續反應。詳細說明如下所述。這是最主要的重點，參加會議時千萬別錯過了。

別錯過重要發言「之後」的發展

　　有人提出重要意見之後，馬上就有人贊成或反對。觀察接下來誰會說什麼，就可以瞭解這場會議中的人際關係了。

　　某人發言之後有人立刻表示贊成，證明此人與發言者具有密切關係。例如發言者是部長而其親信是課長的話，課長為了阻擋他人的言論攻擊，會立刻補充意見。

　　相反地，發言後立刻提出否定意見的人，或是無論發言者說什麼都會討厭，代表此人是真正討厭發言者的人。

　　以上兩者皆非，會稍等一下之後才簡短說些什麼的人，可以推測此人想表明自己的中立態度。

　　就像這樣，透過分析人際關係，也可以訓練自己的觀察技巧。

　　接下來把觀察・分析的資料化為固定模式，然後試著建立假設，例如「如果提出這樣的意見就會被那樣地反對，所以應該這麼說才對」。

想我冒昧來為各位做個總結。

在發生爭執的會議中，
以運動解說員的心態
進行觀察·分析。

只有能夠客觀且冷靜觀察會議流程的人，才能夠提出精闢的見解。
若想要俯瞰整個會議狀況，就必須像運動解說員那樣提出建議者的
看法。

因為參加會議的人心情越來越激動，所以不容易提
出好的想法吧。

如果參加與自己無關的會議，不僅能夠訓練觀察技
巧，也能夠在與自己有關的會議中以冷靜的態度面
對。

分析力

做筆記
就會看出本質

來不及寫下來⋯⋯

把所有人的發言都寫下來，這我很難做到啊！

不用寫下每一字每一句。而且，一字不漏地記錄會
議內容，無助於觀察技巧的訓練喔。

利用筆記就能夠消除會議中的雜音

這裡所謂的「筆記」，指的就是會議記錄這種非常簡單的內容。

其實，寫會議記錄需要具備某種能力。

那就是刪除不必要的內容之能力。

會議中除了重要的意見之外，也夾雜著情緒性發言、廢話或是不必要的補充等各種內容。會議記錄不會留下與會議主題無關的內容。因此，寫會議記錄的人，必須能夠分辨必要與非必要的意見，並捨棄無用的內容。

消除雜音，只留下必要的內容，這麼一來就能夠看出會議的本質。

換句話說，如果寫會議記錄就會看出本質，那麼這樣的作業就非常適合用來鍛鍊觀察技巧。

只是，不是每家公司都會要求做會議記錄，而且自己也不見得會被指定做會議記錄。更何況明明公司沒有要求，自己還要寫會議記錄，萬一有一次沒寫，還可能會被視為偷懶呢。

因此，無須做正式的會議記錄，只要以寫筆記方式試著寫出會議內容即可。若是簡單做得到的範圍內，就應該能夠持續下去。

執事的
自言自語

執事的工作經常會接觸外國客人。不過，其實長年在海外留學，英語流利的人不太適合執事這份工作。因為許多人雖然英語非常流利，但是卻做不到客戶要求的「日本人特有的細膩服務內容」。

寫工作日誌也有效

提到在公司裡寫的文件，還有一種是工作日誌。新進員工特別容易被要求寫工作日誌。

公司讓員工寫工作日誌的目的，是讓員工報告該日的工作內容，如此主管就能夠掌握下屬的工作狀態與進度。

不過，除此之外，工作日誌的最大目的，是能夠幫助每位員工回顧今天一天是否確實做好工作，具有自我啟發的作用。

「仔細思考之後，發現自己一天下來也沒做什麼事。」像這樣反省自己的工作，隔天員工自己就會有意識地督促自己努力工作，讓寫在工作日誌上的內容更加豐富。

工作日誌與會議記錄一樣，都具有訓練觀察技巧的效果。

執事利用會議記錄達成雙方的共識

我們公司與客戶見面洽談時，一定會做會議記錄。這不是小題大作，只是總結洽談內容，把當天討論的結論寄給客戶確認，「這樣的內容是否正確無誤？」。

執事製作會議記錄的理由之一是，這樣客戶就能夠清楚知道對執事的要求內容。透過會議記錄，就能夠有邏輯地整理客戶帶著情緒述說的內容。

執事的
自言自語

癮君子不適合當執事。基本上執事沒有時間抽菸，而且就算有時間、空間抽菸，也會有口臭、在客戶家中引起火災等問題。不過有的執事為了奉陪，會跟客戶一起抽雪茄。

寄送會議記錄的理由之二是，為了讓我們與客戶的理解達到一致。就算是同一句話，有時候雙方的理解也會有所不同。為了避免日後產生糾紛，所以透過文件讓雙方達成共識。

成功人士有寫日記的習慣

工作上經常需要寫會議記錄之類的文字報告，不過，個人生活中應該不太有人會做到這樣的地步吧？

其實，許多名人就算是私人生活也會確實做記錄。「談論了那麼多，結論到底是什麼啊？」為了避免產生混淆，名人會把自己的想法記錄下來。

也有人在買房子或買車時會先做筆記，日後再整理成會議記錄的形式。

就像這樣，平常習慣做筆記，會自然地訓練自己看清事物本質的能力。特別是白手起家的名人，多半可以看到這類的行事風格。而且，實際上他們也非常擅長看清楚事物的本質。

善於看清事物本質的名人，會像寫筆記那樣稍微記錄一下，就算是記錄在私人的部落格也可以。

還有，我的客戶中有許多人都有寫日記的習慣。他們不是寫長篇大論，只是簡單寫下標題並做出結論。透過書寫反省自己，重新檢視事物的本質。令人意外的是，這樣的習慣竟也是成功的祕訣呢。

分析力 鍛鍊方式・實踐的重點
盡量簡短歸納

一字不漏地記錄會議中的所有發言，將難以看出會議討論的重點。因此，若想要鍛鍊看清事物本質的分析力，訣竅就是要盡量簡短歸納內容。

舉例來說，事先決定無論討論時間多長，最後的歸納內容要控制在一張 A4 紙的範圍內。

如果事先決定好書寫內容的份量，自然就會有意識地去除不必要的雜音，也就能夠寫出只留下重要部分的筆記內容。

另外，不只是會議，其他的情況也能夠鍛鍊分析力。

總之，會議記錄是透過書寫過程，從參雜著本質與雜音的發言內容中，抽取出會議的精髓。可以利用會議記錄練習，也可以利用與客戶洽談的內容練習。

還有，如本書五十一頁介紹的名人那樣，記錄與店家交易買了什麼產品時，自己的想法或是寫日記等，都足以用來訓練觀察力。

恕我冒昧來為各位做個總結。

透過書寫習慣
培養看出本質的眼光。

就算是需要‧不需要的意見夾雜的會議或討論，利用記錄內容的方式，就能夠看出容易被忽略的重點。甚至，如果培養書寫習慣的話，也能夠逐漸鍛鍊看清本質的觀察力。

如果是做筆記這種程度的記錄，感覺我也辦得到耶。

就算只是記錄聲音或文字，也能夠區分本質與雜音的不同，做筆記時請盡量簡短歸納喔。

假設力

目光所及之處
貼滿對方的相片

擺客戶的相片嗎？感覺不是很想這麼做……

也有人這樣做喔。擺放客戶的相片不僅有助於訓練
觀察技巧，也可能對工作產生正面影響。

因對方的影響而提出最好的假設

在日本，應該沒有人會在辦公桌上擺放家人的相片吧，其實這在歐美社會極為常見。若是在辦公桌上擺放家人的相片就會經常想到家人。

許多人擺放家人相片，是為了激發工作動力吧。

不過，應該很少人發現透過在工作中思考對家人的貢獻，將有助於維持家庭的和諧關係。

當然也有人認為，不要擺放本來家庭關係就不好的家人相片⋯⋯

總之，如果運用擺放家人相片的效果，在辦公桌周邊貼上重要客戶的相片的話，可期望提高工作效率。

如果在辦公桌周邊貼上客戶的相片，無論起身或坐下都會看到客戶的臉。這麼一來，每每看到相片就會想到這位客戶，進而經常在腦中思考「對了，關於下個月的新產品，如果是他的話應該會這麼想吧？」、「搞不好對方希望我們提供這樣的服務？」等等。

就算以前思考時從來不曾與相片中的人連結，擺設相片後腦中就會自然地聯想「假如是那個人的話，他會⋯⋯」，像這樣經常建立假設。

執事的
自言自語

執事的休息時間其實是不固定的。基本上，當客戶外出且沒有其他交辦事項時，我們就會抓住空檔休息。不過，有時候也會忙到無法休息，沒有時間吃午餐的情況更是習以為常。

如果像這樣經常建立各種假設，實際見面時就能夠提出最好的假設，工作就容易順利進行。

相片會幫助你想到對方

貼相片會帶來兩種效果。

首先，如前所述，相片會幫助你想到對方。

進入社會工作後，每個人每天都過著忙碌的生活，忙到連思考一件事情的時間都沒有。

然而，如果在目光所及之處貼相片的話，每看到相片就會想到對方，自然地思考與對方相關事物的時間也會變多。

其次，透過相片會想到對方的思考方式、說話內容、行為、語氣等等。由於一邊想到對方的細微動作，一邊思考假設情況，這樣就能夠建立更接近真實的假設。

雖然這樣的說法不是很貼切，不過某種意義來說，就好像在房間裡貼偶像的海報胡思亂想的情況一樣。

在客戶手冊上貼相片以提高服務水準

我自己也會貼客戶的相片。看到客戶的相片回想客戶的聲音特徵、思考模式或說話方式等，藉此假設「下次若提供那樣的

執事的自言自語

前面提過，執事經常會忙到錯過午餐時間。對工作越熱情，三餐飲食越不固定，也因此而容易發胖。從這個觀點來說，或許可以說工作的熱情程度與執事的體重成等比例增減呢。所以成功的執事都是胖的!?

服務，對方搞不好會很高興」。

其實，我的公司針對每位客戶製作的手冊封面就貼了客戶的相片。

為什麼客戶手冊要貼客戶相片呢？那是因為如果標出客戶姓名的話，萬一手冊的資訊遭到洩漏，外人就知道這是誰的資訊，這樣可能會給客戶帶來麻煩。

因此，我們不會寫出客戶姓名而是以相片代替。

就像這樣，最初只是單純的個人資料保護對策而已。但是在客戶手冊貼相片之後，其他的執事們也變得經常想到他們服務的客戶，服務水準開始提升。這讓我們確實感受到「原來如此，貼相片還有這樣的效果呢」。

從那時起，我公司的客戶手冊不僅會貼客戶的相片，每位執事也都會隨身攜帶自己服務的客戶相片。

假設力 鍛鍊方式・實踐的重點
大方地貼上相片吧

若想要充分達到效果，就在目光所及之處都貼上相片吧。例如，就算是不願意，但是從電腦螢幕抬起頭來就會看到相片的辦公桌等，就是理想的位置。

不要感到害羞地放相片非常重要。如果老是在意他人眼光就無法持續。

如果辦公桌周圍不方便貼相片，也可以在手機桌面放客戶的相片。若是手機桌面的話，只要自己不主動拿給別人看，別人幾乎不會有機會發現。

當然，也可以貼在家中。不過，如果不是電視旁、客廳時鐘

附近等眼睛經常會看到的地方，貼相片就沒有意義了。

　　還有，就算不是客戶的相片，家人的相片也能夠訓練假設力。把家人的相片擺放在辦公桌上，光是想想家人的事情，如「這孩子不是想學騎腳踏車嗎？今年聖誕節就買輛腳踏車當禮物吧」、「最近下班都很晚，老婆一定希望我偶爾早點回家幫忙家事吧」，此類的想法也能夠當做練習。

　　就像這樣，除了鍛鍊「直覺」的習慣之外，試著貼相片以達到前述歐美人士那樣，提高工作動力與充實個人生活吧。

想我冒昧來為各位做個總結。

與其貼偶像或韓星的海報，
不如貼客戶的相片吧。

透過貼客戶相片的方式，可以提高想到客戶的頻率。這麼做不僅可以增加思考假設狀況的頻率、鍛鍊觀察技巧，也容易提高工作效率。無論如何都不應該貼偶像的相片。

我要立刻把家裡的初音未來的海報換成客戶的相片。

若是上班族，有時候主管就像是客戶一樣，所以我想應該也可以貼主管或社長的相片吧。

場景 **008** | 透過自掏腰包
鍛鍊

分析力

自掏腰包購買自己公司的產品
就會嚴格地分析

以我的情況來說，就是雇用老師您來為我提供執
事服務。呵呵呵，好像很有趣喔。

真不敢想像……先別說這個。如果自掏腰包買自己
公司提供的產品，將會改變原來的觀點。

一旦掏出錢來就會質疑商品的價值

人們很容易忘記自己公司販售的商品價值。例如，就算自家公司的商品排列在店面的商品架上，標示著一百日圓的價格，通常自己也不會眞正地質疑賣這個價格是否恰當吧。

然而，如果試著自掏腰包購買自己公司的產品，看待產品的觀點就會立刻改變。然後腦中會開始思考「這個商品眞的值我出的這個價格嗎？」，或是「賣這個價格適當嗎？」。

像這樣思考後，如果覺得「不，我覺得沒有這個價值」，接下來就要開始思考「那麼該怎麼做才能以這個價格銷售呢？」、「什麼樣的人才會以這個價格購買呢？」。

販售服務的公司也是一樣。「自費投宿自己服務的飯店，感覺舒適度還不夠呀」、「沒想到我們公司的出租車清潔得很徹底，果眞是高檔租賃車」。就像這樣，自己會以非常嚴格的標準檢視。

反過來想，如果公司員工會自主性地購買公司商品‧服務的話，表示員工認爲公司產品有這個價值。

只是，由於是自掏腰包買的，所以太過昂貴的商品‧服務就不太適用這個方式。所以這個訓練方式只適用於針對一般消費者提供的商品‧服務。

執事的自言自語

名人對於金錢是非常斤斤計較的。我向客戶申請油費時，曾經有客戶質疑「這個油是真的加到我的車子裡嗎？」從那時起，加油時我都會把油錶與收據一起拍照，然後同時附上相片與收據請款。

名人也會購買自家公司的產品

我有一位客戶是某大型連鎖超市的創業老闆。

據說這位老闆每天都會在自家的超市買午餐吃，然後思考「這道菜值不值得花三百日圓買呢？」

假如老闆只考慮公司利潤，想法可能就會變成「一份菜賣三百日圓，就算減些份量應該也不會被發現吧，把菜量減少以降低成本，這樣就能夠多賺一點了。」

不過，如果有錢的名人自掏腰包購買產品，站在消費者立場思考，思考方向就會變成「該怎麼做讓消費者願意花三百日圓買我們的產品」。

有一位客戶經營自用發電機維修公司，他在家裡設置大樓用的全套自用發電機。

這麼一來，他就是花自己的錢接受自己公司的維修服務。結果他發現「明明也沒有發生什麼問題，每個月還要從戶頭扣服務費，這樣客戶也會無法接受吧。」

因此他指示業務員，「自用發電機壞掉時維修人員出現本來就是應該的。重要的是，就算發電機沒問題也要登門拜訪。」多虧他下了這個命令，客戶的續約率因此而提高了。

執事的
自言自語

我的客戶中有許多人都擁有私人飛機。雖然有人認為這種生活非常奢華，不過如果有六、七人一起搭乘的話，其實費用會比民間客機的頭等艙還便宜，沒想到還比較省錢呢。

當立場改變，觀點也會改變

與自掏腰包購買自家公司的商品‧服務具有相同效果的，還有立場的改變。

怎麼說呢？例如，請想想製造公司的員工因人事交流的緣故，而派駐銷售公司的情況。

總之就是從製造端轉變為銷售端。

製作端與銷售端的觀點完全不同，所以思考方式或看待事物的角度也是天差地別。

位於製造端時，總是想著「一定要做出好產品，這樣就算不用大肆宣傳也一樣能夠暢銷」。然而，當自己處於銷售端時就會明白，「無論多好的產品，如果消費者難以瞭解產品的好也是賣不出去的」。於是，日後製造端的員工就會研發出業務員容易宣揚優點的產品。

就像這樣，轉換立場與自掏腰包一樣，都會改變自己看待事物的觀點。

分析力 鍛鍊方式‧實踐的重點
最好以其他公司為練習對象

這裡的重點是自掏腰包。如果商品‧服務的金額不造成負擔的話，自己就先掏錢購買吧。

自費購買的話，自然就會以消費者的立場分析自家公司的商品‧服務，也就能夠自然地鍛鍊分析力了。

不過有種情況是，就算消費金額不高，但有時候就是無法下手購買自家公司的產品，或是就算買了也很不容易以消費者的眼光觀察。

例如在咖啡店工作。如果店裡所有的人都是平常一起工作的同事，這樣無論如何都很難從消費者的角度客觀分析。

還有，在所有員工都是熟人的店裡，就算以消費者的立場「點一杯咖啡」，也不會觀察到這家店平常提供給消費者的服務吧。

像這樣的情況就要試著去競爭對手的店裡消費。也就是在與自家公司相近的價格區段中，購買類似的商品・服務。

還有，購買公司的商品・服務時，不能因為自己是公司員工，就要求以員工價打折。若想要以消費者的角度思考，就必須以消費者的價格購買才行。

恕我冒昧來為各位做個總結。

一旦自掏腰包，
觀點就會改變。

以往只從銷售端的角度看待的商品・服務，透過購買的行為，就會以消費者的立場看待。如此一來，就會看到位於銷售端時沒發現的各種狀況。

如果是競爭對手的商品我或許會買，不過面對自己公司的產品，也可能會有盲點呢。

這只是針對一般消費者的商品・服務的做法。不過，看到以往不曾見到的盲點，這種感覺其實是非常重要的。

名人的無理要求 1

你可以去
大阪幫我撿垃圾嗎？

名人的無理要求真有趣

　　我的名人客戶們與一般人所想的有些不同。正因為如此，名人經常會要求執事做一些自己認為理所當然，但在一般人眼中卻是「無理」的事情。

　　當然，攸關人命或涉及犯罪的無理要求不在此列。倒不如說，事後回想起來，這些要求都還滿有趣的。

　　例如，以前我就曾經接到這樣的無理要求。

因為不想被人看見，所以要求執事前往

　　一位住在東京的客戶，前一天因工作前往大阪出差。他把我叫過去，說了以下這段話。

　　「昨天我在大阪的飯店裡，把筆記丟到垃圾筒裡了。那時我覺得無所謂，不過現在那個筆記很重要，你能去幫我拿回來嗎？」

　　聽到這話的瞬間，我心中覺得很疑惑：「為什麼需要執事特地跑一趟大阪去撿垃圾呢？」事實是，如果讓飯店人員等外人看見那個筆記內容就麻煩了。

　　因此我便遵從指示，出差到大阪撿垃圾。

第2章

在公司外鍛鍊
「觀察力」

他們坐那麼遠，我到底是有多不被信任啊！

觀察力　 分析力

看對方的領帶
就能夠想像對方的性格

部長　　社長　　副社長

我是奉行無領帶主義的人哪……

沒有人問你奉行什麼主義。我要說的是，透過領帶
的顏色可以瞭解許多事情，要有這點認知！

熱情的人會繫紅色領帶

領帶充分顯示一個人的性格。領帶的花色或領結的樣式會看出一個人的個性，不過顏色則更能夠強烈反應出一個人的性格。

個性樸實的人不太會繫明亮顏色的領帶。相反地，開朗性格的人也很少選擇暗色系的領帶。

具體來說，紅色代表熱情，藍色代表沉著冷靜，粉紅色代表友善，黃色表示想引人注目。就像這樣，領帶的顏色與人的性格大致上是相關連的。

另外，公司想呈現的形象也會反映在領帶顏色上。例如計程車公司規定的領帶多半是深藍色，這是為了宣揚公司的司機都能夠穩重開車的形象吧。

只是，領帶也會隨著日子的不同而改變。

其實這才是重點。這個人在這一天的心情或動力，會反映在當天他所繫的領帶顏色上。

如果運用以上的資訊就可以反過來操作。透過領帶顏色的選擇，能夠有效地塑造自己當天的心情。

舉例來說，若想讓今天見面的人認為「自己很有活力、熱

執事的
自言自語

關於執事的鞋子顏色，男性一定是黑色。女性可以搭配服裝選擇適當的顏色，不過男性則固定是黑色的。這跟領帶一樣，因為不知什麼時候會需要參加告別式，所以要選擇黑色。還有，執事永遠是在背後支援的角色，所以不能選擇太顯眼的服裝。

情」，就要選擇紅色領帶，想讓對方內心覺得「今天必須理性地傳達資訊給對方」時，就要繫上藍色領帶。

執事的領帶多半是黑色的

執事的工作是支援主人，也就是所謂的幕後工作人員。身為幕後人員的我們不能太搶眼，所以粉紅色或黃色等亮麗顏色的領帶，當然就不適合我們繫帶。

考慮到主人若有朋友突然發生不幸而必須陪同前往上香的情況，執事大概都要繫黑色領帶，或是準備一條黑色領帶備用。

順帶一提，不少人認為執事會繫蝴蝶領結。

若是歐美的執事，確實經常會繫蝴蝶領結。不過日本的執事通常不會選擇蝴蝶領結。

雖然沒有這樣的規矩或約束，不過我想可能是因為蝴蝶領結畢竟不適用於婚喪喜慶的所有場合吧。

名人大多會自己決定領帶的顏色

另一方面，名人所繫的領帶當然是各有所好，這是不用多說。他們不會選擇太具有個性的領帶，通常都是一般的顏色、花色。

執事的
自言自語

我公司的執事在為客戶開車時，都要依照規定戴白色手套。因為若不戴手套的話，可能會刮傷車子的把手，或在磨得亮晶晶的車身留下指紋。

不過許多人其實早就決定了固定的顏色。

　　其中也有人是無意識地決定顏色的。我有位客戶是具有強大業務能力的知名公司社長，他不僅熱情投入在工作上，也一直繫著紅色領帶。

觀察力 鍛鍊方式・實踐的重點
同時記住領帶顏色與態度

　　經常有意識地觀察對方的領帶顏色，這是培養觀察力的基本功。

　　除此之外，如果與同一個人見面好幾次的話，要同時記住對方每次不同的領帶顏色與態度。

　　在連結對方的領帶顏色與態度，或是日後分析對方的行為模式時，這是必要的資訊。

　　如果因為工作的關係可能較少有機會直接與人接觸的話，可以透過電視的新聞節目觀察。

　　例如，新聞報導某公司高層因為發生醜聞而舉辦道歉記者會，觀察公司高層所繫的領帶顏色，或是觀察公司老闆參加新產品發表會時所繫的領帶顏色。

　　以大部分的情況來說，道歉時為了讓人看起來沉著冷靜，所以會選擇藍色系領帶，新產品發表會則會選擇紅色系領帶以呈現熱情與活力。

分析力 鍛鍊方式・實踐的重點
合併記住顏色與態度之後，歸納為固定模式

　　在前面訓練觀察力的單元中提過，如果合併記住對方的領帶

顏色與態度，並將其模式化，將有助於分析力的訓練。

例如，「繫紅色領帶時，表示對方會積極購買我們公司的商品」、「提出嚴厲質問時，對方正繫著藍色領帶」、「繫黃色領帶時，表示對方想製造引人注目的機會」、「對方繫粉紅色領帶，可能打算採取親密的態度」等等。

看電視播放的新聞節目也是一樣。出席道歉記者會時繫藍色系領帶，在新產品發表會等熱鬧的舞台上多半會繫紅色系領帶等等，請試著有意識地把這些資訊化為固定模式吧。

把以上資訊歸納為固定模式之後，接下來與對方見面時就可以加以運用了。例如，「啊，今天對方繫紅色領帶，所以有機會推銷我們的產品。」、「噢，對方繫藍色領帶，所以我必須理性地回答問題。」

恕我冒昧來為各位做個總結。

對方的內心狀態
會呈現在領帶的顏色上。

公司規定特定顏色，或是一心認定「領帶的顏色就是這個顏色」的
情況另當別論。不過，其實領帶的顏色反應了一個人目前的心情。
如果習慣從領帶顏色觀察對方的心情，將有助於觀察力的訓練。

真的，沒有人會在道歉會上繫亮麗顏色的領帶。

如果是公司決定領帶顏色，可以看出這家公司想對
客戶或世人宣揚的公司理念。

場景 **010** │ 透過位置安排
鍛鍊

 觀察力   分析力

從對方坐的位置
判斷對方信任的人

意思是如果對方是位高權重的人,就請他坐在最裡面的主位嗎?

現在談的不是商業禮儀的情況,而是人類心理的呈現。透過對方所坐的位置,可以推測對方對於我方的想法。

觀察對方會坐在誰的面前

在洽談的場合中，假設有客戶一人與我方兩人在場。從客戶選擇的位子可以推測他信任這兩人中的哪一個人。

當然，如果面對面坐著，表示客戶對於這個人的信賴程度高。

因此，這樣的做法也套用在我的公司與客戶洽談的情況。從客戶坐在哪位執事正對面來決定要指派哪位執事出線服務。

不過，也有的情況是客戶沒有坐在任何一人面前。

客戶坐在稍遠的位子，像是「擺好陣仗」那樣斜坐著面向這邊，表示我方還沒獲得對方足夠的信任。

或者也可能是對方不想與我方建立信賴關係。

執事負責控制座位

執事要反過來運用挑選座位的心理，安排對主人有利的位置。

例如在宴席中想讓客人與主人親近一點的話，就要把客人的位置安排在主人的正對面。

如果客人已經先坐下來了，就只留下客人正對面的餐具，其他座位的餐具全部收起來，藉此引導主人坐在客人正對面。

執事的
自言自語

執事不會帶錢包。因為如果錢包放在西裝口袋裡，衣服看起來鼓鼓的不美觀。不過，由於執事經常需要用錢，所以我們會在身上放幾張紙鈔與信用卡隨時備用。

像這樣安排座位也是我們執事的任務。

如果位子離太遠，對話自然容易被打斷，座位近一點就不可能不進行對話。

而且在用餐的場合中，一旦坐下來就可能定住不動長達兩小時，所以若把客人的餐具安排在主人旁邊的位子，他們就有充裕的時間盡情交談。

不見得坐在正對面就是好的

前面提到坐在正對面的意義。不過，也不見得坐在正對面就容易建立信賴關係。

例如，在一個零售店的收銀櫃台。在收銀櫃台前付賬時，如果站在櫃台內側的服務人員靠過來，我們是不是都會稍微後退一步？

面對站著的對方時，為了不讓對方感到壓迫感，稍微站斜一點的位置比較好。

另外，比起正對面，也有變得更親密的座位安排。那就是如右頁上圖所示，桌子相鄰的兩邊的位置關係。

相鄰的兩邊之所以比較好的原因是，彼此的距離變得更近一點。

執事的
自言自語

如七十五頁所提的，由於執事不會帶錢包，若是在自動販賣機買飲料而找了一堆零錢，口袋就會一直發出銅板撞擊的聲音，所以自己要非常小心避免發生這種情況。執事的工作也有這種小小的不便呢。

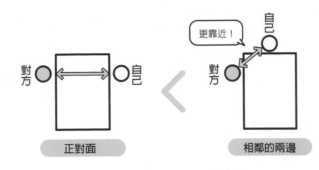

更靠近！

自己

對方

相鄰的兩邊

對方

自己

正對面

能夠變得更親密的位置關係，那就是「桌子相鄰的兩邊」。

如果想與對方感覺更親近，雖然是例外，不過安排在隔壁的位子也是方法之一。

不過請記住，每種場合都要以個案論，而且如果人數衆多時，這樣的說法就不成立。

觀察力 鍛鍊方式・實踐的重點

觀察我方坐下來時對方的反應

前面提過在洽談的場合中，如果是我方先坐下來，就要觀察對方會選擇哪個位子。

相反地，如果對方先坐下來，也可以試著觀察我方坐在其正對面時，對方會有什麼反應。

就算不是在外面的公司，假設是公司內部會議或部門同事一起用餐時，坐在主管正對面並觀察對方的反應，也可以作爲訓練觀察力的練習。

場景
010

從對方坐的位置判斷對方信任的人

分析力 鍛鍊方式・實踐的重點
嘗試分析各種模式並加以驗證

在洽談席中，如果我方先坐下來，對方隨後坐在我方正對面的話，可以推測對方信賴我方，或是想與我方建立信賴關係。

若對方坐在離座位稍遠的斜前方，也可以推測對方不信任我方，或是不想與我方建立信賴關係。

經常比較這些預測與洽談結果並驗證是否相符，這樣就能夠訓練分析力。

當對方已經坐下來時，我方隨後坐在正對面，檢視這樣的洽談結果是否順利。

另外，也可以嘗試其他的模式。例如，兩人坐在桌子相鄰的兩邊，視情況也可以嘗試並肩而坐，比較這種坐法的洽談結果與面對面的洽談結果有何不同。如此就能夠更正確地分析座位安排與雙方親密程度的關係了。

恕我冒昧來為各位做個總結。

看透對方內心，
取得領先地位吧！

若是我方先入座的洽談場合，座位的安排權就只能交給對方。不過，如果對方先就座的話，立刻坐在對方正對面或接近的位子，應該能夠讓對方產生親近感。

坐在正對面或附近的座位，掌握對方的情緒呀。

藉由坐在容易產生親近感的位子來促使洽談成功，這就是所謂觀察力的應用技巧。

觀察力　 假設力

從對方點的飲料
推測洽談的成功率

 點咖啡代表成功，點柳橙汁表示失敗，有這樣的說法嗎？

由於每個人的喜好不同，無法光從對方點的飲料判斷，關鍵在於「模仿」二字。

你點的飲料與對方不同嗎？

不知各位有沒有過這樣的經驗？與客人約在咖啡館裡洽談生意，點飲料時，我方先選好決定飲料，結果對方也點相同的飲料。

當然，這可能只是雙方想喝的飲料正好一樣。特別是咖啡經常是大家都會點選的項目。

雖然也可能是巧合，不過搞不好這也是對方想與我方接近，想與我方建立良好關係，而在無意識中透露出來的徵兆。

與對方點一樣的飲料是想建立信賴關係？

心理學有一個名詞叫做「鏡像效應」（Mirror Effect）。簡單說就是像鏡子一樣模仿對方的行為或動作，以獲得共鳴，藉以建立信賴關係。點相同飲料也可以視為對方在無意識中做出鏡像效應的行為。

前輩教我們招待客人時要點跟對方相同的餐點（飲料），這是為了透過鏡像效應來建立良好的人際關係。

就像我們說「吃同一鍋飯」，喝相同飲料、吃相同料理的體驗，對於引發對方的共鳴、建立良好人際關係是非常有幫助的。

執事的
自言自語

有一位砂糖公司的社長來拜訪我服侍的主人。當這位社長來到主人家時，我馬上端出該公司的砂糖，客人大為感動。可能是因為這樣的緣故而談成數百億日圓的生意。

執事會端出同樣的飲料

執事也會端出相同飲料，試圖達到鏡像效應的目的。

這是什麼意思呢？當主人在家裡招待客人時，無論是客人或自己的主人都給相同的飲料。

因為要端出相同飲料，所以就故意不問客人想喝什麼。

或者依照客人的喜好，主人這邊也配合客人喝相同飲料。

例如，只問客人：「請問想喝點什麼？」若對方回答「紅茶」，就故意不問主人，兩人都給紅茶。

就像這樣，可以利用提供相同飲料的方式讓客人產生同感，藉此提高洽談的成功率，或是有助於建構人際關係。

觀察力 鍛鍊方式・實踐的重點
點較特殊的餐點

觀察的重點在於，若想看對方是否模仿我方點餐，自己就必須搶先點餐。如果被對方先點了，就無法觀察對方有沒有模仿我們。

還有一點，那就是選擇較特殊的餐點。

前面提過，如果點咖啡很容易與他人重複，這樣就不知道是

> **執事的自言自語**
>
> 為了讓客人產生共鳴，無論客人是否需要，我們一定會端出飲料。有人因為宗教信仰的關係不能喝含有咖啡因的飲料，所以要特別注意這點。若不想發生嚴重失誤，事前的調查絕對不能省略。

巧合還是鏡像效應。

因此，可以試著點柳橙汁或咖啡歐蕾等較不一樣的飲料，然後觀察對方是否會說：「我也一樣。」

觀察對象不限於共事的人，朋友、情人、夥伴等都可以列入觀察對象。

另外，不僅在咖啡館裡，在餐廳點餐時也可以試著觀察對方是否會學我方點一樣的餐點。

特別是大部分餐廳的餐點通常比飲料更多樣化，所以每個人喜歡的餐點也各有不同，因此很少遇到兩人剛好點相同的菜色，這樣很容易就知道是否為鏡像效應。

假設力 鍛鍊方式・實踐的重點
也可以反過來做，自己配合對方來觀察對方的反應

如果我方先點餐，對方配合說「我也一樣」的話，可以推測對方想與我方靠近、拉攏感情。

反過來說，如果與想拉近彼此關係的人約在咖啡館，或是招待想做成生意的對象時，就要請對方先點餐，然後自己經常也點相同的餐點。

接著推測我方因為點了相同餐點，所以對方態度變得友善，同時觀察對方的態度之變化狀況。

就像這樣，除了觀察對方點了什麼之外，也要確實體會自己反過來配合對方時會產生什麼效果。這也是訓練的方法之一。

有關配合對方的鏡像效應，以下再補充一點。

其實，配合對方的鏡像效應影響深遠。這是因為對方會因此而很容易記得「想吃什麼？」、「雞肉咖哩」、「那我也一樣」

的對話過程。

　　特別是在餐廳的數十種餐點中，自己想吃的東西跟對方想吃的一樣，除了會產生同感之外，還有命運安排的感覺。在日後人際關係的建立會更加順利吧。

恕我冒昧來為各位做個總結。

若想拉近彼此間的感情，
就算勉強也要
「吃同一鍋飯」！

吃同一鍋飯本來有生死與共的革命情感含意。不過，「與對方吃同一鍋飯」這部分在產生共鳴方面完全適用。

如果我方點了與對方相同的餐點，不僅能夠鍛鍊觀察技巧，也容易增進彼此間的人際關係。

重點是因為對方會一直記得我方的配合啊。

分析力

舉例確認談話內容

「若要比喻的話，我的薪水就像是新手的搞笑藝
人一樣」，是這樣嗎？

感覺有點不一樣……總之，就是要舉一個符合自己
與對方想像畫面的具體例子喔。

★「鮭」與「酒」的日文發音相同。

具體案例拉近雙方的認知差距

如果以抽象方式說話，自己與對方所想的很容易有落差。

例如，同事想在高級餐廳招待客戶，於是找你討論。就算他說「高級餐廳」，所指的範圍也非常廣泛。有那種在摩天大樓最頂樓的餐廳，也有那種不接待陌生客人、沒有招牌的日式料理店。

因此，聽到高級餐廳時，要舉出具體的餐廳名稱確認，例如，「你是指○○大廈裡面 XX 餐廳那種等級的餐廳嗎？還是像日式料理店那樣的地方？」透過這樣的方式，才能夠使雙方腦中的印象達成一致。

如果知道自己以為的高級餐廳是 XX 餐廳，而對方卻認為是日式料理店的話，自己就會察覺「這個人所謂的高級就是那樣的店呀」，如此也能夠鍛鍊分析力。

名人的價值觀遠不同於一般人

執事服務的工作經常接觸價值觀完全不同的對象。因此，若想要拉近與對方的價值觀差距，必須經常具體詢問才行。

名人的價值觀，特別是擁有好幾兆日圓資產的富豪，其價值觀與我們一般人相去甚遠，聽了讓我們感到驚訝的情況也經常

執事的
自言自語

我不清楚其他公司規定，不過我公司負責接待國外客戶的執事條件，必須具備多益成績超過九百分的資格。因為如果沒有這個程度的英語能力，就無法瞭解客戶瑣碎的要求。

發生。

　例如，我服務的主人說「我出去走走」。我想，「現在在東京，頂多是去箱根吧」，結果原來他指的是去中東的杜拜。

雇用執事的是年收入超過五億日圓的名人

　需要聘請執事服務的都是被稱爲富豪的人們。不過，說是富豪也有各種等級。

　年收入一千萬日圓說是有錢也算是有錢吧。不過聘請執事服務的富豪等級又更不一樣了。

　因此，我經常掛在嘴邊的一句話是，「我們公司爲年收入五億日圓以上的名人提供執事服務」。具體點出年收入的金額，就會讓大家明白勉強稱爲富豪的人，或是不知名公司的社長爲什麼不利用我們公司的執事服務。

若不具體問清楚可能會導致失敗

　利用舉例來確認談話內容，不僅可以瞭解對方的價值觀，也能夠拉近彼此想法的差距。

　我曾經因爲沒有確認清楚而吃到苦頭。

　公司的某位客戶委託一個案子，「三天後有重要的朋友要來

執事的
自言自語

客戶家中的高價物品通常沒有做特殊的保全裝置，所以客戶對於外人每天在家裡進出總是會感到不安。因此，我的公司在錄用員工時，都會預先做好信用調查，並要求提供兩位保證人作爲擔保。

日本，請安排可以跟朋友輕鬆聊天的用餐地點」。

　既然說是朋友，表示與客戶有交情。與其選擇過度正式的用餐環境，不如找個輕鬆悠閒的環境，就像是去朋友家作客的地方最好。基於這樣的考量，於是訂了一家知名飯店所提供的承辦酒席服務。

　然後，客戶的朋友抵日的前一天，我向客戶報告準備情況。結果聽到了晴天霹靂的消息。

　原來客戶的朋友指的是某國的國家元首。我們完完全全照字面接收客戶所說的「朋友」一詞，並以自己對於「朋友」的解釋進行招待的準備。

　知道個消息之後，我們前面做的準備全部推翻重來。首先，為了安全戒備，與警備保全公司連絡，取消飯店的酒席服務，請熟知該國元首口味的知名日本料理店的師傅提供外燴服務。

　另外，在剩餘的極短時間之內，一直向許多人低頭拜託，發了狂似地安排隨行祕書、隨扈、司機等人的休息室、餐點、接待等各種準備。

　就像這樣，只因為沒有具體舉例確認「是什麼樣的朋友？」，差點就造成一個無法彌補的嚴重失敗。從那時起，我們一定會具體舉例確認各個事項。

分析力 鍛鍊方式・實踐的重點

練習對象以公司外的人為主

　要經常習慣舉出具體實例，透過這樣的做法探查對方的價值觀、認知程度等。

　如果練習對象是家人，由於價值觀與自己極為接近，所以無

法作為練習對象。還有，公司同事也因為擁有類似的價值觀，所以也不太適合作為練習對象。

因此，可以利用交易對象、客戶等公司外部的人來當做練習對象。

其次要注意的是，詞彙的定義或物品名稱因人而異，一定要再三確認。

例如，「去遊樂園玩吧」。一般的情況下，大部分人都會聯想到設置雲霄飛車等遊樂設施的地方吧。

但是對於某些地區，特別是高齡的老人家而言，「遊樂園」指的是住家附近的公園。公園裡頂多只有鞦韆或溜滑梯而已。

由此可知，不只是地區的差別，連縣市、年代的不同也可能產生認知的錯誤，務必要確認清楚才行。

恕我冒昧來為各位做個總結。

價值觀差異越大，
越有機會提高分析力。

價值觀與自己差距越遠的對象，越具有分析價值，也越能夠當成觀察技巧的訓練。若是工作方面，可以找其他公司的高級主管或不同領域的人；若是私人方面，可以找外國朋友等不同立場、國籍或年代的人積極交流。

新手執事的我以名人為對象，應該是很好的練習吧。

與不同價值觀的人交流時，千萬記得要經常提出具體例子確認喔。

場景 **013** │ 透過高級服務
鍛鍊

 觀察力　 分析力

在高級酒店
模擬主管的內心

在高級酒店裡可以像主管一樣盡情享受耶！

完全不是那一回事！在高級酒店裡，可以讓你瞭解
主管面對你這種無能下屬的心情。

在高級酒店體驗主管的心情

「在高級酒店模擬主管的內心」，指員工如果去高級酒店，就會瞭解管理下屬的主管或老闆的心情。

在高級酒店裡，酒店小姐會開心地陪你聊天、盡情地取悅你、招待你。不過，因爲付了很多錢，所以如果覺得服務不周就會讓人生氣。

這種期待與焦急的模式，非常類似工作場合中主管或老闆的內心變化。

當然，主管不是直接付錢給下屬的人。不過由於主管的審核，薪水或獎金的金額也會隨之改變。從這個意義來看，主管與老闆的立場也很類似。

還有，主管希望下屬能夠做出讓自己滿意的工作成果，或是期待下屬做出自己預期的目標。

然而，如果下屬沒有照著自己的預期工作，或是沒有達成應有的目標，主管就會不開心。

總之，透過在高級酒店享受的經驗，能夠體會公司主管或老闆的心情，繼而瞭解「原來請人做事就是這麼一回事啊，主管一直是這種心情啊」。

一般的上班族就算沒有達到主管的期待，也不會遭到解雇。

執事的自言自語

無論在多炎熱的季節裡，執事都不能脫下外套。因爲這樣不僅手上要拿外套，看起來也不美觀。因此，雖然夏天必須不停補充水分，但又不能帶著飲料在身上，所以必須當場喝完飲料丟掉空瓶子。

不過，若是在高級酒店，一旦上次那位客戶不再點名服務的話，小姐的薪水就會受到影響。萬一同樣的情況持續發生，甚至可能遭到解雇。因此，酒店裡的小姐們都會拼命努力工作。

若是這樣分析，可以想見自己主管的壓力遠比高級酒店老闆的壓力還要大吧。

執事的服務是最高級的服務業

某種程度來說，執事的工作也是高檔的服務業，如果沒有做出好成績，就沒有下次的機會。從這個意義來看，執事服務與高級酒店還滿類似的。

特別是舉辦派對等只委託特別的一天之執事服務，委託承辦的事項如果進行得不夠順利，或是沒有達到預期的結果，就不會有下一次的委託機會了。

甚至，我們公司聲明，如果客戶對我們的服務不滿意可以請求退費。由於我們不能讓公司發生損失，所以更是要拼命努力工作，滿足客戶的需求。

雖然有點離題，不過高級酒店與執事服務一樣，如果沒有對每一位客戶提供舒適的享受，就不會有下一次的機會了。而且，客戶天天接觸高品質的服務，都是一些標準非常嚴格的客人。

執事的自言自語

名人對於時間是很嚴格的。例如，去機場接機開車回家途中，如果遇到塞車，有時候他們就會大動肝火：「若是這樣的話，搭直升機飛到住家附近不是更快！」果真，名人的想法跟一般人很不一樣呢。

從這層意義來說，兩者都可以說是最高級的服務業吧。

觀察力 鍛鍊方式・實踐的重點
仔細觀察如何讓客戶滿足

「付錢」、「獲得服務」、「瞭解主管的心情」是本單元的重點。就算不用勉強自己花錢去高級酒店，也可以試著去按摩店，花錢享受三十分鐘的按摩服務，這樣也能夠鍛鍊觀察力。

另外，有種訓練無須自掏腰包。若有機會使用公司的交際費招待客戶，就可以順便藉此機會鍛鍊觀察力。

觀察重點是看店裡的工作人員面對客人時是如何應對的。

員工如何滿足客人，如何以無形的服務換取金錢等等，觀察細微的部分。

只是，比起支付小錢的店家，在付出「有點心痛」的金額的店家中觀察，更能夠訓練你產生更多疑問。

例如，若在高級酒店裡，內心就會產生種種疑問，「光是坐在這裡就要花五萬日圓，也不能得到什麼，到底有什麼價值呢？」、「經常來這裡喝一杯好幾萬日圓的酒，到底有什麼樂趣呢？」。

分析力 鍛鍊方式・實踐的重點
以主管的角度觀察

進入店裡之後，請以主管或老闆的角度思考吧。

例如，「如果自己是經營者，這種服務水準不值這個價錢吧」、「如果自己是主管，我會希望下屬在這個部分多用點心」等等。

處在這個位子時，除了瞭解主管的心情之外，也會考慮到其他面向的事情。

其一就是工作場合中自己的工作態度。

「自己是否做出值這個薪水的成績？」、「就我所拿到的年收入來看，我對於公司搞不好沒有貢獻？」，或許你會意外發現自己不足的部分。

再者就是會看到公司的縮影。

例如在高級酒店中，業績最好的前十％小姐得到大部分客人的指定，這與公司前十％的業務員包辦了大部分的業績類似。

還有，在高級酒店中，不是所有服務生都能夠熟練地服務客人，約有兩成的小姐無法炒熱場子。在公司也是一樣，工作能力差的人也差不多是兩成左右。

因為機會難得，所以也請試著觀察・分析這部分吧。

想我冒昧來為各位做個總結。

如果以主管的立場來看，
自己不足的部分就會銘記在心。

在高級酒店花了大把鈔票，如果酒店小姐的服務與消費金額相差太遠，會讓人感到生氣。因此，如果檢視自己在公司的工作態度，就會明白自己的付出有多麼不足了。

即便自己認為在公司裡已經付出許多了，但是若以主管的角度來看，就會深切體認事實並非如此。

我們極少有機會客觀地觀察自己的工作態度。高級酒店或執事服務都是非常好的觀察機會。

觀察力

在送客的短短數秒之間
聽出對方的真心話

我啊，就算見了幾十次的面，也沒聽過老師的真心話。

我不是常說「你真笨啊」、「你這個傻瓜」，這就是我的真心話啊。在短時間之內聽出對方真心話的時候，就是告別的時候。

洽談或討論之後容易說出真心話

這是前往客戶或交易對象的公司進行洽談或討論時，可以使用的技巧。

洽談或討論結束後，從會議室或討論的房間出來時，對方會陪我們一起走到電梯或大廳門口。

如果這時直接開口詢問在洽談或討論場合中無法說出口，或是難以啟齒的問題，對方多半會說出真心話。

例如，在洽談中說明商品時，對方完全不提及商品好壞，只說「請給我們一些時間討論」，然後就結束洽談。

這時，在前往電梯途中就可以試著詢問：「不知您覺得剛剛介紹的商品如何？」這麼一來，對方就會回答：「我們剛好在找這類的商品」，或是「我也不知道，我們也有跟其他公司配合」等等，意外地說出真心話。

離開時由於心情放鬆就容易說溜嘴

送客時容易說出真心話的原因，是對方忘記自己的立場。

在洽談或討論的場合中，彼此分別代表自己公司的立場，因此會把自己定位為「自己是代表○○公司的採購部長，對方是想從我們這邊賺到錢的業務員」。

執事的
自言自語

「直覺」變得敏銳的七個訣竅之一：不要休長假。一旦長時間離開工作，要找回原來的敏銳「直覺」，需要花二倍甚至三倍的時間。建議就算要休假，也不要完全脫離工作。

當洽談或討論一結束，由於緊張氣氛頓時消失而忘記自己的立場，真心話也會不小心說溜嘴。可以說，從工作立場轉變為私人立場後，雙方的關係會改變的緣故吧。

　　新聞記者最常利用這個方法。例如，負責跑國會議員的記者，會趁議員在家裡心情鬆懈時出擊，問出種種內幕消息。

　　以身邊的例子來說，只要回想參加告別式後，回家途中的情形就能夠明白。

　　參加告別式時，可能是因為現場氣氛，也可能是因為服裝束縛的影響，回家後人的心情就會一整個放鬆。

　　這時，人們就會不知不覺說出內心話，例如，「那位伯母，還是一樣很囉唆耶」、「告別式後提供的餐點，那個壽司真的很好吃吧？」等等。

　　另外，洽談結束後準備離開，在前往電梯途中，也可以說是容易說出真心話的環境。

　　走路會帶來些許放鬆的效果。而且，在前往電梯途中通常都只有兩個人，不會有第三者聽到，可能也是容易說出真心話的主因之一吧。

執事的自言自語

「直覺」變得敏銳的七個訣竅之二：從懷疑所有的事情開始。任何事都先抱持懷疑的眼光，透過這個方式養成思考習慣，某種程度也會看出事情的可信度，如此觀察的幅度就會更為寬廣。如果說出內心的疑惑會帶來麻煩，把你的懷疑放在腦中即可。

容易聽出對方難以啟齒的事情

我們在談生意時，會使用這個方法來判斷執事服務的合約是否會簽成。

會成為我們的客戶的人，通常都會僱用祕書等佣人。因此洽談結束後，這些佣人會送我們到門口。

送客途中只剩佣人與我方兩人時，就可以試著詢問：「你覺得你們家主人對我們的感覺如何？」

於是有人會透露：「主人沒有說不，應該會跟你們簽約吧」，或者「他交叉雙手思考，我看是有點困難」等等。

還有，有時候也可以直接詢問客戶本人。

例如，假設對方想終止合約，給的理由多半是「不再有需要了」。

不過，如果在告別時詢問：「可以告訴我真正的理由嗎？」對方可能就會說出難以啟齒的真正理由。例如，「其實我目前的經濟狀況有點困難呀」、「我已經請提供類似服務的其他公司來做了」等。

告別之際，也是對方能夠說出這種難以啟齒的事情之時間點。

觀察力 鍛鍊方式·實踐的重點
事先想好要問什麼

觀察的重點是送客時自己與對方的距離。

如果對方到離開時都一直保持近距離，表示對方容易說出真心話。若是步調一致一起走出來，或並肩而走的人，極有可能說出內心話。

反過來說，如果對方走得很快地在前面帶領著，請記得他是不會說出真心話的人。如果仔細觀察，或許就會瞭解這是「快點回去吧」的意思。在這樣的情況下，就算開口詢問也是白費工夫。

　　洽談或討論之後的送客時間不能只是說「今天謝謝你們了」，一定要養成對話、提問等習慣。

　　如果養成告別時提問的習慣，在工作上也有助於訓練觀察力。

　　若想要容易培養這項習慣，訣竅就是事先想好告別時要說的話或提問的問題。

　　洽談或討論不是走出會議室就結束了，而是延續到送客時間，請保持這樣的認知並加以運用。因為告別之際就是你最後努力的時機。

想我冒昧來為各位做個總結。

告別之際
正是黃金時間。

雖然只有數秒到數十秒，不過聽出對方真心話的絕佳時機，就是告別時的送客時間。如果有效運用，對於工作或提升觀察力都有幫助。若想要有效運用，請事先想好說話內容吧。

我瞭解洽談後心情一整個放鬆的感覺。

與對方一起從緊張狀態到放鬆狀態，彼此之間會產生共鳴，或許這樣也容易說出內心話吧。

分析力

引述他人的意見
表示自己也同意此意見

麻煩你了♥

社長

ccc

為什麼不用自己說的話,而要引用別人的話呢?

你難得會問認真的問題呢。大部分會引用他人意見
的情況,是因為不想被別人討厭,或是對自己沒有
信心的緣故。

因為自己也認同所以引用

拒絕別人請求時，有人會引用別人的話，例如，「社長說如何如何」、「主管這麼交代我的」等等。

不過，其實這個意見不是社長或主管的意見，而是說者自己本身的想法。

當然，實際上社長或主管或許曾經提過這個想法。不過正因為你也贊同，所以才會引用。

基本上，沒有人會引用與自己想法不同的意見，或自己不認同的事情。

假如自己反對社長或主管的意見，說出「XX 認為～」之後，應該會繼續加上「不過我自己是這麼想的，所以我也曾經追問主管，只是他不聽我說的」等理由。

如果沒有說出其他理由，那就當成對方自己的想法，這樣的判斷是不會錯的。

引用只是想推諉責任而已

為什麼這個時候要特別引用他人的意見呢？簡單說，那是因為如果直接對對方表明「不買」、「不跟你們做生意」，現場氣氛就會變得很尷尬。引用別人的說法，就可以把責任推給社

執事的
自言自語

「直覺」變得敏銳的七個訣竅之三：以時間序整理事情的演變。面對爭執或問題等複雜的狀況時，如果按照時間序歸納整理就能夠解決。培養這個習慣，將能夠提升你的分析力與假設力。

長或主管。

因此，拒絕對方時，有人會說「我與高級主管商量過，這件事被駁回」。其實主管反對，等於自己也反對的意思。

在職場上，這種說法不是經常被使用嗎？

例如，課長在警告下屬時會說：「那邊的單位跟我提了這件事」或是「部長這麼說了，所以你要好好做」等，借用他人的權威來說出自己的意見。

這也是為了不想被下屬討厭，所以借用部長的權威說出自己的想法。其實最好還是認清楚這其實是課長本人的想法。

名人身邊充斥著引用的話語

執事比起其他工作，經常有更多機會引用別人的話。

這是因為客戶不是具有某種權威，就是擁有一定的社會地位，所以生活中經常有許多人會仗勢欺人。

客戶身邊的人最常引用的就是「因為主人曾經這麼說過」、「父親一直都是這樣主張的喔」等等。

甚至客戶的代理人也時常會引用主人的話。

提供執事服務時，我們有許多機會與客戶的祕書等代理人交涉。他們常常會對我們說：「我們老闆（指我的客戶）說你們

執事的
自言自語

「直覺」變得敏銳的七個訣竅之四：徹底依照使用手冊進行。無論是生活習慣或其他事情，遵循使用手冊的步驟就會養成觀察‧分析以及假設力。因此自然地就能夠訓練敏銳的「直覺」。

收取的服務費太高，請降到大約這個價格。」

　　然而，當我們實際詢問客戶：「請問費用要降到多少才好呢？」對方卻說：「什麼？我從來沒提過這事情啊。」眞是令人啞然失笑。

「好人」與「沒有自信的人」通常會引用別人的話

　　其實，大概有固定幾種人會引用他人的說話內容。

　　第一種類型是被大家視爲好人或是看起來像是好人的人。由於不想被任何人討厭，所以他們會借用別人的意見，把責任推到別人身上。

　　第二種類型是喜歡名言的人。經常把「松下幸之助這麼說」、「根據賈伯斯所說的……」、「那個彼得‧杜拉克的名言中曾經說過這段話」等掛在嘴邊。

　　這證明了這個人對於自己的想法沒有信心，也認爲自己的說服力不夠。明明想說出自己的想法，因爲沒有自信而無法用自己的語言說出，所以才會引用名人所說的話。

分析力　鍛鍊方式‧實踐的重點
引用的內容等於就是對方自己的意見，以此爲前提對談

　　首先，雖說對方是引用他人的說法，但也不見得對方就會有其他想法。以此爲前提與對方對談很重要。

　　反過來說，既然引用了別人的說法，可以認定對方也抱持相同看法。當然有時候對方自己的意見會與引用內容不同，不過只要對方沒有另外說明，則兩者的意見一致的機率相當高。

　　甚至，如果能夠向引用者確認「那個人眞的講過那種事？」，

將會更有效地提高分析力。

　不僅在公司外部，在公司裡也可能很難做到。如果有勇氣的話，請一定要挑戰看看。

　或許會意外地發現，引用者會視情況做出有利自己的解釋，或是無視前後文脈，只擷取一段引用。有時候也會發生為了自己的利益而讓人產生誤解的情況。

　政治家的失言風波通常都是這樣的情況。

　所以不能囫圇吞棗地接收間接資訊，有時候必須把這資訊視為對方自己的想法，或是向可能是引用內容的資訊來源確認資訊的正確性。

想我冒昧來為各位做個總結。

若是借用他人的說話內容，要將其視為引用者自己的想法。

一般人不會引用自己反對的意見。因此，就算是別人所說的話，一旦引用，就視為引用者自己的意見。應該以此為前提進行對談。

這是狐假虎威吧。

只是，要注意並非所有引用他人意見的人都會抱持相同想法，還有最早的發言者也不見得真的說過這些話。

觀察力　 分析力　 假設力

從無法明確回答的部分
看出對方真正的心意

褲……！

關於褲子
呀……

如果對方回答含糊不清，可能腦中有什麼壞點子
吧。

這樣的機率極低，不過也是有可能……大致上來說
是因為時機不對，但又不想被對方討厭，所以回答
才會曖昧不明。

想隱瞞不利對方的資訊

與對方說話時，如果對方的回答模糊不清，表示一定有什麼事情隱瞞著。

假設業務員與某家公司進行洽談。當產品說明告一段落之後，業務員詢問：「請問貴公司有考慮其他公司嗎？」這時如果對方回答得很含糊：「嗯，也不是沒有啦。」表示對方沒有認真考慮我方公司的產品。

這話怎麼說呢？假如對方認真考慮，他們應該就會坦白地說：「哎呀，我們也有考慮 A 公司跟 B 公司。」

為什麼對方會說出一個模糊的答案呢？那是因為萬一被發現公司沒有認真考慮，會被討厭。由於內心總是有不想被討厭的想法，所以會以曖昧的回答隱瞞對對方不利的訊息。

不想被深入瞭解時態度會變得曖昧

若以自己說出模糊答案的立場來看的話，應該就更容易瞭解吧。

假設你現在正考慮購買新車。在 C 公司的汽車展示空間裡，汽車業務員問你：「請問您也有考慮其他公司的車款嗎？」如果你是真的考慮買 C 公司的車，你就會老實回答：「其實我也

執事的
自言自語

「直覺」變得敏銳的七個訣竅之五：清楚區分正式場合與非正式場合。如果特意塑造非正式場合的氣氛，對方就容易說出心底話。透過正式與非正式場合蒐集到的資訊進行綜合性判斷，這樣不僅判斷結果的可信度高，也會提高分析力。

在看 D 公司與 E 公司的車。」

但是，當你內心決定購買 D 公司的車而非 C 公司的車時，你的回答應該就會變得含糊不清：「哎呀，其實我都會列入考慮，包含進口車也一樣。」

為什麼在這樣的情況下，你的回答會變得含糊不清呢？這是因為你不想讓 C 公司的業務員過度干預自己內心的決定，或是說一些 D 公司車的負面資訊。

這樣你應該就瞭解了吧。在含糊的回答背後，其實隱藏著真心與真實情況。

不刻意深入探究的才是好執事

就算面對的是執事，有時候主人也會說出含糊不清的答案。

這種情況經常發生在安排行程的時候。

例如，時間表安排了「下午要去○○的店裡」。問題在於「下午」。這樣的時間安排太過於含糊。

執事必須確實掌握主人的時間安排才能夠完成任務。因此，我們一定會再補問一句：「下午的時間包含了中午十二點到晚上零點之間的十二個小時，請問大概是幾點左右的時間呢？」

然而，我們經常會得到「下午就是下午啦！」的答案。

執事的
自言自語

「直覺」變得敏銳的七個訣竅之六：時時提醒自己，就算是小事也要確實計劃、行動、評量、改善，也就是做到所謂的 PDCA。如果 PDCA 做得順利，就會形成黃金模式，假設力將會不斷提升。

如果執事繼續緊追不捨：「為什麼說不出明確的時間呢？您是不是有什麼難言之隱？」這樣只會讓主人更加火冒三丈吧。

像這種時候，刻意裝作不知道的才是聰明的執事。

深入探究才會瞭解的事實

執事在主人建造、改建房子或是重新整理庭園時，經常需要與建築公司開會討論，以期讓事情順利進行。

這是某位名人客戶在建造大樓式住宅時所發生的故事。與建築公司派來的負責人討論時，對方說：「今天開始進行的工程會產生噪音，請多多包涵。」於是我問對方：「針對工程會製造噪音這點，確實跟鄰居打過招呼了嗎？」

結果對方說：「哎呀，只跟部分鄰居說而已。」當我進一步詢問：「一部分是指哪部分？」結果對方竟然回答：「……其實都還沒跟鄰居打招呼。」對方回答模糊不清時，意味著另有隱情。這真是個典型的例子。

觀察力 鍛鍊方式‧實踐的重點
不可漫不經心地聽人說話

首先，一定要仔細聽人說話，才能聽出對方在矇混什麼，或是聽出含糊不清的內容。

分析力 鍛鍊方式‧實踐的重點
透過各種方式努力看出真實

對於對方含糊的說話內容，有時要窮追到底，有時要以其他方式再問一次，或是隔一陣子再問問看。然後，要習慣問別人

同樣的問題。透過這個方式，就會知道「原來是這麼一回事」，瞭解真正的實情同時提升分析力。

假設力 鍛鍊方式‧實踐的重點
掌握模糊與事實的模式

　　掌握曖昧的說話內容背後所隱藏的真實，如此就會明白「那時無法明確回答，原來就是這個緣故啊」，並獲得學習效果。

　　如果經常努力重複練習就能夠理解對方的行為模式，「這種時候敷衍了事就是為了隱藏內心的這個想法」，假設力也會隨之提升。

恕我冒昧來為各位做個總結。

曖昧表示重要的
事實被隱藏。

為了不希望說出不利對方的事情而被討厭,因此隱瞞事實,或是因為感到內疚而敷衍對方,有時候是因為重要資訊不能透露,所以不能清楚說明等等,模糊的說話內容背面隱藏著某個事實。與人談話時建立這樣的前提很重要。

是否應該深入追問,這很傷腦筋呢。

確實,每個案例都要個別討論才行。以現實情況來說,不要刻意深入探究是比較聰明的做法,請注意這點。

場景 **017** │ 透過客戶
鍛鍊

 分析力　 假設力

三度造訪就會
得到對方的真心話

13:00　　　13:05　　　13:10

以執事服務來說，如果在第一次拜訪時就順利簽
訂合約，這樣不就夠了嗎？

若是這樣，表示你的觀察技巧還要多多鍛鍊才行，
而且之後合約也可能會被取消。與客戶至少要接觸
三次以上，就算是透過電話連絡也沒關係。這點非
常重要。

第三次才會聽出內心話

對於初次見面的人，我們不太會直接說出真心話。以我的經驗來看，一般人大概要到第三次見面才會說出內心話。

為什麼是第三次呢？第一次見面時，雙方都處於緊張狀態，光是要傳達給對方的事情腦子就裝滿了，所以只說完自己該說的事情，見面就結束了。

第二次見面還處於觀望對方態度的狀態。

然後到了第三次見面，雙方的關係終於比較融洽，也就容易說出內心話了。透過前面兩次的見面瞭解對方的態度，自己就能夠判斷「對於這個人可以說這些」，知道如何說出真心話。

反過來說，若想聽到對方的真心話，就必須見三次面以上。

舉例來說，業務員拜訪客戶時，在第一次見面時會說明想銷售的商品‧服務。

第二次拜訪時，聽取客戶對於上次介紹的商品‧服務的想法。

然後到了第三次才能夠聽到對方說「其實由於公司客戶的關係，我們只能跟○Ⅹ公司購買」、「我是覺得不錯，不過主管跟別家廠商有交情……」等內心真正的想法。

這個方法不僅限於業務的場合，在公司內部或私人生活也都

執事的
自言自語

「直覺」變得敏銳的七個訣竅之七：多花點時間。見面時間越長、次數越多就越瞭解對方。這麼一來就如同「三次拜訪」的效果一樣，也能夠鍛鍊「直覺」。

非常管用。

對於業務人員而言第三次才分出勝負

如果第三次聽不出對方的眞心話，請把自己立於買方的立場思考。

例如，想買新車。當汽車業務不斷追問「您覺得如何？」、「您試乘之後的感覺如何呢？」如果一開始就能夠直接了當地表明「我一點都不喜歡」，表示你的心臟眞的夠強。

大部分的人通常在第一次、第二次時都還有所忌諱，到了第三次就很想說出自己眞正的想法了。

另一方面，以業務員的角度來說，如果客戶到了第二次都還不能做決定的話，通常第三次以後就會一直挑毛病而變得很棘手。

只是，像保險這種萬一對方解約就很麻煩的商品・服務，最好要努力三次以上，讓客戶確實瞭解保險內容比較好。

見面三次以上提高滿意度

我們公司也是一樣，在簽訂合約之前都會拜訪客戶三次以上。

執事的自言自語

名人都會輕鬆地做出驚人的指令。某位大富豪說想在自家別墅引進溫泉。不是買溫泉水而是挖地下溫泉。結果，雖然從地底挖出了溫泉，但是名人來別墅度假的次數一年大約是三次左右。

製造見面的機會就是請客戶做問卷調查。

我們公司對於提供服務的客戶，會在服務結束之後進行問卷調查。

在客戶家中直接詢問時，有時候客戶會說出內心的想法，例如「其實我希望你們更加強這方面的工作」。

以前我總以為無法讓客戶滿足，是執事個人的能力不足。不過，在進行問卷調查時才發現，拜訪次數少的客戶大部分會感到不滿意。

只委託一天的服務或規模小的案件，特別會發生這種情況。我們公司剛成立時，提供服務前都只跟客戶討論一次而已。

後來公司決定，無論如何都要拜訪三次以上才簽訂契約，客戶的滿意度從此驟升。

名人的真心話也會在第三次才說出來

名人客戶也是一樣，如果不頻繁拜訪就不會說出心底話。

例如，與客戶約定提供開車接送與照顧小朋友的服務。

簽約之前當然會經常拜訪，簽約後到正式提供服務之間，我們也製造好幾次的機會登門拜訪。

於是，這時客戶就說出心裡話了。

「雖然簽約時沒有提到，不過除了小孩之外，也希望你們能夠接送我高齡的父母。還有，其實我們跟鄰居有點不愉快，要麻煩你們幫我處理一下。」

這就是最開始沒有說出口，不過登門拜訪好幾次之後，就會說出真心話的典型案例。

編出拜訪的理由

以對方在第一、二次見面時，都不會說出真正的想法為前提與對方見面、談話。因此要假設第一次、第二次見面時聽到的都不是真心話，並分析對方的說話內容。

鍛鍊方法是，試著與同一家公司、同一個客戶討論三次以上。

經常看到有人因為第一次拜訪就拿到生意而興奮不已，接下來就忘記持續拜訪了。不過，就算是無法直接見面，也要打電話連絡。總之，與對方接觸三次以上非常重要。

當連絡三次以上而聽到對方吐露內心話時，這樣的成功體驗將會刻印在自己的內心。透過不斷重複的練習，最後就培養出自己的觀察力。

只是，依著對象的不同，也有人對於來訪好幾次感到困擾。

若不想給人難纏的印象，就不能進行無意義的拜訪。一定要編出一些理由才行。

例如歲末年終的拜年、中秋節的祝賀等都可以。就算是極短的見面時間，對方也會在見面時不經意地說出心底話。

若是業務員，可以編一個對對方有好處的藉口登門拜訪，例如「我們公司這次製作一個新奇的產品，想帶過去給您看看」等。

最佳的做法就是故意在第一次見面時留下一份作業。例如應該說的事情故意忍住不說。更好的做法是從對方那邊得到一份功課。

例如，如果對方提問：「假設我沒有另一半，我過世之後的保險金會給誰？」就算你知道答案，你也可以回答：「這個就

當是我的功課，我回去查一下。」由於這是對方交辦的功課，下次對方就不可能不跟你見面。

假設力 鍛鍊方式・實踐的重點
記住，只見面一次、二次，對方是不會說出心底話的

與分析力一樣，無論是洽談或討論的場合，第一次或第二次見面時，對方不會說出真心話。以此為前提建立假設很重要。透過不斷的重複練習，就能夠逐漸鍛鍊觀察力。

想我冒昧來為各位做個總結。

第三次才會坦白說出真心話，
第三次的接觸是最大的重點。

初次見面的對象不會說出真心話，以此為前提，進行三次以上的接觸很重要。雖說已經見過一、二次面，也不能認為自己已經瞭解對方。

意思是第一、二次面時，對方說的話不能照單全收囉。

通常第三次以後才會說出真心話。以此為前提，分析對方所說的話並建立假設，熟練之後就會被視為「直覺」敏銳的人。

第3章

在外出地點鍛鍊
「觀察力」

場景 **018** 透過餐具
鍛鍊

 觀察力　 分析力　 假設力

從餐具瞭解
住戶的性格

如果對餐具的喜好或是咖啡杯組的選擇特別異於
常人，馬上就可以瞭解。

這只是單純的品味問題而已。想像這戶人家的成員
如何使用這些餐具，逐漸地就會看出全家人的性
格。

使用高級餐具的家庭，家裡的女性行為穩重大方

使用好餐具的家庭，其家人的行為舉止也多半優雅穩重。

為什麼呢？這是因為高級餐具容易損壞的緣故。餐具又貴又容易損壞，拿取時自然就會小心，行為也就變得優雅起來了。

而且這樣的傾向特別容易出現在女性身上。

由於餐具是每天會用的東西，所以平常的行為舉止都會小心且溫柔。若習慣這樣的舉止，最後連性格也會變得溫柔。

我們經常說「行為改變性格」。很奇妙地行為也會改變內心。事實上，使用高級餐具的家庭，家中的女性多半都具有穩重大方的性格。

讓小朋友使用高級餐具的名人

為什麼我會察覺這件事呢？那是因為有位客戶故意讓自己的孩子使用容易損壞的高級餐具，而讓我開始關注這件事。

「讓小朋友用這麼高級的餐具好嗎？」當時我提出這個問題，客戶回答：「我是故意讓他用的。」

他的理由是：「就是要讓孩子使用容易損壞的東西，這樣他們才能夠學會餐桌禮儀，吃飯時也才會用心對待食物。」

名人們不僅講究餐具，對於玩具的要求標準也很高。例如，

執事的自言自語

執事因為需要與客戶洽談等各種原因，意外地有許多機會搭乘電車。與名人客戶約見面不容許遲到，為了能夠順利移動，一定要持有電子錢包，而且必須具備自動儲值功能。

場景 018

從餐具瞭解住戶的性格

比起便宜且堅固耐用的塑膠玩具，他們傾向於給小孩具有光滑觸感的木製積木。

故意給予昂貴的物品使用，這是名人才會採取的人文教育法。

發現餐具與動作的關係

在聽到名人讓孩子使用昂貴餐具的理由之後，我開始注意餐具與人的行為舉止之間的關係。

後來，每當我執行執事勤務時，就會藉機觀察使用餐具者的行為，發現客戶的動作有時溫柔，有時粗魯。

再更進一步仔細觀察，發現好像不是因為心情的影響所致，而是使用不同餐具，就會做出不同的舉動。

例如，使用昂貴的紅茶杯組時，會盡量輕輕地將紅茶杯放在盤子上。

還有，這種行為的差異，女性比男性還明顯。

不管紅茶杯組的好壞，紅茶的味道都一樣。但是，由於是以高級杯組喝茶，女性的行為就會變得優雅，甚至也能夠享受悠閒的氣氛。

執事的
自言自語

利用電車移動時，執事不會選擇最短、最快速的途徑。理由是如果選擇最短、最快速途徑，只要特快車因事故停駛就一定會遲到。所以要考慮意外狀況，特意以低效率的路徑為前提計算移動時間。

便宜餐具塑造粗暴的性格

昂貴而容易損傷的餐具會塑造優雅的舉止、穩重的性格。

反過來說也是一樣。若使用便宜餐具，因為就算毀損了，也可以重新買過或是摔了也不容易壞，使用時舉止就會變得粗魯。

如果平常經常使用這類物品，就會形成粗魯的性格。

以身邊的例子來說明餐具與行為的關係的話，請想想喝酒用的玻璃杯吧。

用飲料公司送的印有公司標誌的杯子喝酒，以及用薄玻璃製成的昂貴酒杯喝酒，使用者的行為舉止就會有所不同了吧。

`觀察力` 鍛鍊方式 · 實踐的重點

透過昂貴的東西與便宜的東西觀察行為舉止

能夠觀察的不是只有餐具而已。

例如，十八頁中鍛鍊觀察力項目介紹的文具。使用一百日圓的原子筆時會帶有筆勁，但使用高級鋼筆寫字時就會小心翼翼。

總之，只要看觀察對象使用同種類的東西時，對於昂貴與便宜的物品之行為是否有差異就可以了。

`分析力` 鍛鍊方式 · 實踐的重點

習慣分析對方使用物品時的心情

習慣地連結並思考使用物品的人與其心情，經常這麼做將有助於培養分析力。

試著從書寫方式來分析對方的心情與想法。例如，推測同一個人使用昂貴文具時「可能是小心翼翼」，而使用便宜文具時，「可能覺得再怎麼浪費墨水也無所謂」。

也可以試著想想女朋友在速食店喝飲料，與在飯店咖啡座喝咖啡時的心情落差等，什麼樣的狀況都可以觀察與分析。

假設力 鍛鍊方式・實踐的重點
建立假設並親自驗證

從訓練方法的角度來看的話，也可以採用建立假設後親自驗證的方法。

舉例來說，想要平靜內心的紛擾，讓情緒穩定下來時，假設「使用高級杯組喝茶，內心的喧鬧就會平靜下來吧」，並試著更換餐具驗證是否如此。

想我冒昧來為各位做個總結。

使用的東西不同，
人的性格也會改變。

就算是相同功能的物品，人們對待昂貴與便宜物品的態度也會不一樣。由於使用方法改變，性格也會跟著改變。人們經常說「握了方向盤就變了個人」，也是同樣的心理作用吧。

確實。如果使用昂貴的筆，我也會想把字寫得漂亮一點。

使用對自己而言很奢侈的物品，透過這樣的方式改變行為舉止。而為了配合這樣的行為，自己的性格也會變得穩重優雅。

觀察力　分析力

從冰箱內容物瞭解
這戶人家的健康狀況

確實，如果冰箱內部髒亂，很容易引發疾病。

你好像搞錯我的意思。我在這裡要強調的不是乾淨
與否，而是冰箱裡塞滿食物的程度。

冰箱內部塞滿食物最不健康

執事經常有機會看到別人家的冰箱內部。因為工作的關係，經常得開客戶家的冰箱。

截至目前為止，我已經見過幾十位客戶家裡的冰箱，從中我察覺到一件事。

那就是，如果整個家族都有肥胖現象，不用說，這戶人家的冰箱一定是堆滿了許多不必要的食物。

肥胖或許是家族遺傳的原因。不過，冰箱內塞滿了怎麼看都不可能在一星期內吃完的食物，這樣的家庭成員通常不是有肥胖現象，要不就是罹患慢性病，而這也是不爭的事實。

反過來說，明顯健康的家庭，其冰箱內只會冰存少量的食物。

就像這樣，由於我從事執事的工作，而發現冰箱與住戶的健康關係。

庫存太多就會吃下不必要的食物

一般的家庭經常因為「大量採購比較便宜，所以就多買了」、「只有週末才有時間購物，所以必須多買一些庫存」等理由，而把冰箱塞得滿滿的。

如果冰箱塞滿了許多食物，表示隨時都能夠吃到許多東西。

執事的自言自語

在漫畫中會看到執事做了整套的餐點讓主人享用的情節。不過，其實名人們大概都只會要求我們做三明治等輕食而已。正式的料理還是會請專職的廚師來處理。

也就是說，這戶人家的飲食會變得毫無節制。

而且，如果冰箱有許多庫存時，內心就會產生想把庫存清掉的欲望，這樣也會形成浪費食物的現象。

仔細想想，因為價格划算而多買了許多食物，但是身體卻因此變得不健康而增加醫藥費，總體來說，這樣花的錢可能還更多也說不定。

目光所及之處是否有食物？

不只是冰箱，在冰箱以外的地方是否會看到食物，也能夠評斷這戶人家的健康程度。

目光所及之處食物越多，越可能會伸手拿來吃，因此肥胖的機率也越高。

反過來說，健康的家庭不會在家裡各處放吃的東西。如果不放食物，手就不會亂拿，自然就能夠控制吃進嘴裡的東西。

健康的家庭會有計畫性地攝取食物

我的一位客戶全家都得到糖尿病，連還是小學生的小朋友也不例外。這種家庭的冰箱確實經常塞得滿滿的。

特別是在百貨公司地下美食街買的家常菜、甜點等，感覺不

執事的自言自語

就算是遠距離移動，只要是在國內，執事幾乎不會選擇飛機作為移動的交通工具。這是因為飛機的時間不比電車準確的緣故。執事是不容許遲到的，因此如果是新幹線到得了的地方，我就會盡量搭乘新幹線前往。

買一些隨時可以入口的食物就會不舒服。

這種家庭環境就像是餐館一樣，任何人什麼時候來都沒關係，隨時都有東西可以吃。

然而，有計畫地攝取食物的名人就會確實擬定計畫，例如，「明天有客人要來，所以讓執事煮這個，夠吃就好」、「從知名餐廳訂購這些量吧」等等。

健康的名人客戶中，也有家庭是沒有冰箱的。

這樣難道不會覺得不方便嗎？當我這麼詢問時，客戶說明：「想吃冷的或熱的，直接請外燴餐廳送來就好，然後吃剩的丟掉，這樣就不需要冰箱了。」

就算是喉嚨有點乾時，「請家裡的廚師榨一杯檸檬汁就好了」。

若是請人現場製作，如果喉嚨只是有點乾，「因為可以忍耐，等等再喝好了」，所以變成真正想喝時才喝。這樣反而是有益健康的。

觀察力　鍛鍊方式・實踐的重點
經常檢視冰箱的內部狀況或尺寸

實踐的重點是，如果在別人家的話，一定要請對方讓你看冰箱。

不過，請別人讓你看冰箱，這需要一點勇氣吧。更何況若是在主執事裡，「請讓我看冰箱」這種話更是難以啟齒。像這樣的情況，光是看冰箱大小就能夠確認。

冰箱的尺寸大代表食物的庫存量多。從積存大量食物的情況，就可以分析這家人可能有肥胖或慢性病等疾病。

不只是冰箱，也要檢查冰箱以外的其他地方是否有放食物。

分析力 鍛鍊方式‧實踐的重點
習慣分析冰箱與體型的關係

　　如果習慣觀察冰箱內部或尺寸，以及目光所及之處是否存放食物等，再連結住戶的體型，並分析兩者之間的關係，將有助於訓練觀察技巧。

恕我冒昧來為各位做個總結。

體重與冰箱大小
成正比。

大部分的家庭會根據冰箱大小塞入適當的食物。因此，擁有大冰箱的人家就會積存大量的食物，這樣很容易吃下過多的食物而造成肥胖。

冰箱的尺寸與健康程度，好像真的有關係呢。我明白了。

總之，從冰箱大小與內容物多寡，就能夠推測這個家庭是不是毫無計畫性地吃東西。

場景 **020** 透過廁所
鍛鍊

 觀察力　 分析力　 假設力

透過衛生紙品質
瞭解目前經濟的寬裕程度

 聽說有錢人都用萬圓大鈔擦屁股，景氣不好時會
不會改用千圓大鈔呢？

怎麼可能有這種事！抱歉，我太激動了。事情不是
這樣的，其實衛生紙很容易顯現這個家庭「目前」
的經濟狀況。

因為是經常需要補充的用品，
所以看得出「目前」的狀況

廁所裡使用的衛生紙是用了就沒有的消耗品。能夠花錢在這種用了就沒有的東西上，可以看出這個家庭的經濟還滿寬裕的。

當然，光是看房子本身，也能夠推測這個家庭的經濟狀況。

不過，房子只能看出購買或建造時的經濟能力。也就是只能瞭解幾年前或幾十年前購買或建造房子時的經濟狀況，但是看不出目前的經濟寬裕程度。

針對這點，像衛生紙這類消耗品，由於經常需要補充，所以從消耗品的品質就看得出這個家庭「目前」的經濟狀況。

而且，衛生紙是最容易受到經濟狀況影響的用品。理由是，就算品質稍差一點也不會影響生活，而且別人也難以發現自己家裡的狀況。

受到金融風暴的影響，名人也降低生活品質

衛生紙的品質差異很大。如果紙漿的品質過於低劣，很容易會掉出很多棉絮。但如果衛生紙的品質好，不僅擦起來感覺柔順不傷害肌膚，還有素雅的花樣與清香的味道。

**執事的
自言自語**

某位名人的廁所毛巾用完即丟。只擦過一次手就丟到垃圾桶裡，這樣不是不合乎經濟效益嗎？他的回答是：「一次大量購買的話，一條毛巾才五十日圓左右。如果委託你們洗毛巾，價格應該更貴吧。」

雖然只有幾百日圓的差別，不過我也切實感受到，就算是我們的客戶，也會因爲經濟因素而影響衛生紙的品質。

我負責管理客戶的別墅時，主人曾經吩咐「衛生紙的品質再降低一點沒關係」。主人做出那樣的指示時，剛好就是發生雷曼兄弟金融風暴的時候。

還有，也有客戶會把自己公司的衛生紙帶回家裡使用。

連擁有幾百億日圓的富豪，對於衛生紙也會很吝嗇。

高級飯店與旅館的衛生紙品質出乎意料的差

降低衛生紙品質＝瞭解目前的經濟狀況。這種觀察方式不僅限於個人的住家。

公司、店家或是百貨公司等，只要有廁所的地方都能夠一併列入觀察對象。

例如飯店或旅館。

令人意想不到的是，被稱爲高級飯店、高級旅館的地方，也會使用品質較差的衛生紙。

爲什麼衛生紙的品質容易被降低呢？我認爲有兩大理由。

第一個理由很單純，欲節省經費時，由於衛生紙是消耗品，所以馬上就會以便宜的低品質代替。

執事的
自言自語

第一三二頁提過移動方式。例如東京－大阪之間，搭飛機將近一個小時，搭新幹線約需兩個半小時。不過，搭上飛機之前還需要花一、二個小時的時間，所以兩者總花費的時間其實是差不多的。

第二，客戶不容易察覺品質降低。

例如，雖然同樣是消耗品，不過客戶比較在意飯店準備的洗髮精或沐浴乳的品質。雖然每個人講究的東西不同，不過比起洗髮精，降低衛生紙品質較不容易被察覺。

`觀察力‧分析力` 鍛鍊方式‧實踐的重點
要仔細分析奢華的建築物

除了別人的住家之外，公司、商店或是飯店也都可以是觀察的對象。

例如，若是在朋友家發現「朋友明明就很慷慨大方，但是衛生紙的品質卻不好」。像這樣的情況，就可以把個人（這裡就是「大方的朋友」）的情況轉換為團體或公司（這裡就是「百貨公司」），如「雖然登出華麗的看板廣告，但是衛生紙的品質卻很差」。

總之，如果有機會使用外面的廁所，請一定要檢查一下他們的衛生紙品質。就算男性只是使用小便斗「小解」，也要習慣瞄一下馬桶間裡的狀況。

這將是訓練觀察力的第一步。

另外，分析時要注意別被建築物的外觀或豪華的裝潢欺騙。

如前所述，就算建築物或裝潢極為豪華，那也是幾年或幾十年前的財力狀況。這裡的主題是分析目前的經濟狀況與能力。

`假設力` 鍛鍊方式‧實踐的重點
持續鍛鍊自己的假設力

所謂假設力，就例如看到一家公司的衛生紙品質不好，可以

推測「這家公司的財務狀況不是很好吧。搞不好那個暢銷商品人氣已過，要開始走下坡了」。

習慣進行假設之後，就可以更進一步推測未來狀況。

例如，「這家旅館已經開始使用品質差的衛生紙了，服務品質可能也開始下降，這麼一來，客人或許就逐漸不再光顧」，或是「這家餐廳使用品質好的衛生紙，所以各項細節應該都照顧得到。看來餐廳的料理應該也能夠期待吧」。

就像這樣，如果能夠試著進一步預測未來，就能夠鍛鍊假設力。

想我冒昧來為各位做個總結。

衛生紙說明了
目前的狀況。

經濟狀況變差時，最先削減成本的對象就是衛生紙。因此，衛生紙的品質如實地說明了對方家裡、拜訪的公司、餐廳或是飯店等「目前」的經濟狀況。

這麼說來，附近的車站可能是使用的人太少，衛生紙真是非常的薄呢。

雖說無法完全涵蓋所有或相關狀況，不過品質與目前的經濟狀況相關性最高，也是不爭的事實。請一定要認真檢視。

觀察力　　分析力

從玄關看清楚對方的
經濟狀況與屋主的性格

可能可以看出是不是有錢人，不過連性格也看得出來嗎？

或許無法深入瞭解細微的部分，不過大致上可以掌握屋主的性格。

是否淨擺些浪費且奢華的裝飾品？

玄關是客人從外面進到室內首先映入眼簾的地方，所以屋主當然希望玄關帶給客人好印象。

確實有人會在玄關擺滿昂貴的花瓶、動物皮毛或是垂吊水晶燈等等，裝潢的家飾品光彩奪目。

把昂貴的東西擺在玄關炫耀，其實是相當危險的做法。心懷不軌的人在玄關發現昂貴的物品，或許就會心生邪念，「下次就來偷這個吧」。

寧可冒險也要把昂貴的東西放在玄關，可見屋主是非常想讓別人知道他是有錢人吧。這種行為強烈地呈現了屋主的虛榮心。

家裡有豪華玄關的人不會說出真心話

我與客戶簽訂執事服務契約之前，必須經常前往客戶家中說明服務內容。因此，到目前為止，我看過許多名人家的玄關。

從這樣的經驗，我對於擁有豪華玄關的人總是會抱持懷疑態度。「明明沒那麼有錢，為什麼卻那麼想讓別人覺得他很富有？」無謂的裝飾反而讓人聯想沒有錢的真相。

不只是經濟狀況，玄關也某種程度看得出屋主的性格。

> **執事的自言自語**
>
> 我曾經接到客戶的指示：「我現在人在九州，把我家（位於東京都）的車子送過來。」客戶不是要我去請貨運公司來載運汽車，而是希望專職照顧主人愛車的司機與執事一起將主人心愛的車子開過去。

大肆裝飾玄關，意味著不想讓別人看出家裡真正的情況，也可以說是為了充場面。

住在這種房子裡的人較為虛榮，也比較不會說出心裡話。

大家都說第一印象呈現了此人的本質。玄關正是外人對這個房子的住戶之第一印象。而且大多數在玄關所得到的印象，多半都能正確地說出屋主的性格。

真正的名人始終追求簡潔設計

以我當執事的經驗來說，真正的富豪不會特地冒著風險來突顯自己的富有。

倒不如說，他們傾向於盡量規避風險，自然地，他們的玄關也會盡量設計得簡單一些。

因此，第一次洽談而登門拜訪時，若看到簡單的玄關，我就會鬆一口氣。其實，擁有簡單玄關的客戶多半能夠讓我們安心服務，也多半是能夠長久合作的客戶。

觀察力 鍛鍊方式・實踐的重點

在居家的玄關或公司的服務櫃台鍛鍊觀察力

沒有多少人能夠像我們執事這樣，平常就有機會看到別人家

執事的
自言自語

續前頁，只有外國客戶才會如此堅持開自己的車。在日本很難想像這種情況。這是因為如果在當地租車，外國客戶會對安全產生疑慮，擔心是否會被安置炸彈的緣故。

的玄關。

因此，如果試著觀察別家公司的櫃台，也能夠鍛鍊自己的觀察技巧。櫃台是客人從外面進來最先看到的地方，從這層意義來說，櫃台的條件與居家玄關完全相同。

這家公司是否做了過多無謂的豪華裝飾，寬廣的門廳是否與公司的規模不相符，櫃台的接待人員是否都是正妹等等。

除了外觀之外，櫃台的接待方式與流程也可以用心觀察看看。

明明事先已經預約拜訪，卻還要求你寫申請表嗎？告知櫃台公司名稱與拜訪目的後，是否讓客戶站著等待？原則上，櫃台大廳應該準備訪客椅，檢查是否確實擺放等等。

例如，雖然最近已經較少看到，不過現在還是有金融機構的櫃台員工是坐著辦公，而讓客戶站著等待。

如果仔細觀察就可以看出員工是直接讓客戶站著等待，或是立刻說「請坐」讓客戶坐著等，以免讓客戶產生不舒服的感覺。

分析力 鍛鍊方式・實踐的重點
驗證玄關與對住戶印象的關連性

簡潔玄關可以不用過度在意。不過如果玄關淨是些豪華裝飾，或擺放一些想呈現給人看的東西時，請試著照以下的方式做做看。

由於放在玄關的東西就是想讓人看、讓人摸，所以試著談論擺放在玄關的物品。如果這樣就馬上進入話題的話，可以分析對方是虛榮心強，而且不會輕易說出真心話的人。

接著驗證對於玄關的第一印象與屋主的第一印象是否相符。

不斷重複前面的步驟，將能夠訓練分析力。

　　若是公司的櫃台，讓客戶站著等待、讓客戶填寫申請書或是客戶都已經開始排隊了，還是毫不在意地讓客戶等待的話，可以推測這家公司的作風不太重視客戶。

　　接待大廳既寬敞且做了無謂的奢華裝飾，接待小姐一字排開都是正妹等等，可以推測這家公司的商品・服務賣得可能比一般行情還貴。這樣的公司通常都難以長久配合。

恕我冒昧來為各位做個總結。

玄關說明了
住戶的正反兩面。

在玄關處得到的印象，通常代表屋主的性格。另一方面，如果玄關擺放昂貴的物品，一般人有可能會被這樣的印象騙了，以為這戶人家是「真正的富豪」。觀察時千萬要注意這點。

第一印象很重要，不過一定要小心別被第一印象給騙了。

仔細觀察，並在兩者之間取得平衡非常重要。

場景 **022** | 透過書架
鍛鍊

 觀察力　 分析力　 假設力

透過書架上擺放的
書籍瞭解對方關注的話題

 我家的書架上一本書也沒有，反而是放了許多觀葉植物以放鬆身心。

 ……就算跟你說可能你也不懂。不過，通常書架上都會擺放與主人的主張相關的書籍。

書架充滿著屋主的想法

書架一定會反映主人想宣揚的主張，或是想說給別人聽的話題。

例如，如果是電影迷，書架上可能就陳列了幾十年來持續訂購的電影雜誌，或一直以來蒐集的宣傳單。若是偶像粉絲，書架上一定都排滿偶像的寫眞集吧。

現在可能比較少看到了。不過，以前有許多家庭都會在客廳放一套百科全書，藉此向客人顯示「我們家是具有人文氣息的家庭」。

以現在的風氣來說，或許就像是在書架上擺放一些連讀也不讀的外國平裝本或外文書的感覺。總之，這些書都是主人用來炫耀的裝飾品。

擺放在書架上的書都是爲了展示給別人看的。也就是說，屋主希望別人看到這些書，繼而接觸、談論相關話題。

因此，一旦客人觸及架上某本書的話題，主人一定會感到非常開心。

更進一步來說，書架上只會放一些希望客人談論的話題的書。

無論如何，屋主絕不會在書架上放一些會造成負面印象的

執事的自言自語

客戶能夠透過社群網站詢問執事服務的相關問題。其實名人也會使用社群網站。如果閱覽對方的社群網頁，某種程度可以瞭解對方的背景。當然，這只是表面上的公開訊息，不過也能夠看出一個人的性格，所以社群網頁非常珍貴且重要。

書，或是不想談論的話題的書。因為屋主不會把不想談論的話題的書籍，故意放在會被客人看到的書架上。

也看得出屋主的目標或工作態度

透過書架上的書瞭解對方設定的目標。

如果擺放與溝通技巧有關的書籍，表示這個人可能想成為人際關係專家，若擺放關於做事方法的書籍，表示此人可能想成為做事明快的人。

例如，「想以這樣的觀念做事」、「為了工作需要，所以目前正在研究這個主題」等等，辦公桌上通常是擺放與工作相關的書籍。

就像這樣，從書架或桌上可以看出此人所在意的話題、設定的目標、感興趣的事物或是個人嗜好等等。

也可能作為交際手段

其實，關於公司辦公桌上的書，也可以有效地運用在工作上，以下讓我簡單為各位介紹吧。

首先，請先確認一下直屬上司辦公桌上的書。如果有的話，請暫時刻意避開與這本書有關的話題。

執事的
自言自語

各位知道有富豪專用的社群網站嗎？若想要加入必須先提出申請，也必須先進行財產申報。不過那樣的網站好像主要針對富豪推出廣告，與我們所期待的有所不同。

然後，自己在私底下讀同一本書，但是不能被主管發現。

這樣事前準備就完成了。接下來只需在與主管的對話中找到機會談論該書的內容即可。

如果在談論公事時，無意間說出該書的內容，主管就會感到佩服：「你倒還滿清楚的嘛。」這樣主管對於你的評價也會因此而提高。

想得到主管好評的重點是，千萬別讓主管知道你偷偷學他看桌上擺的那本書。若想要做到這點，最重要的是事先不能提及該書的話題，也不能讓主管知道或看到你正在閱讀該書。

書架也能夠用來當作展示工具

介紹各位一個處世之道的訣竅。

我的客戶中，許多人會巧妙地運用書架作為展示自己的工具。

例如，某位日本投資家在客廳的書架上塞滿了世界各國的經濟、投資相關的外文書。這就是為了對來家裡拜訪的金融界朋友聲明：「我可是這麼努力學習的專家喲」。

雖然本人自稱「其實完全沒有看這些書，也無法閱讀，只是裝飾用的」，不過金融界的朋友就會誤以為「哎呀，除了日本書之外，他也閱讀海外投資的相關書籍，而且還是讀原文書的專家呢」，而不敢隨便推銷只對賣方有利的金融商品。

觀察力・分析力 鍛鍊方式・實踐的重點
習慣連結對方的行為與書籍

一定要檢視書架或書桌上的書，並且經常試著分析對方所主

張的內容。

　　總之，要習慣連結屋內看到的所有書籍與書本主人的行為、
目標或是生活型態。

　（假設力）　鍛鍊方式・實踐的重點
提出與書本相關的話題並進行驗證

　　提出與書本相關的話題，驗證對方的行為、目標等是否與書
本的主題一致。這麼一來，兩者就能夠以近乎百分百的準確率
達到一致。

　　不斷重複這樣的練習，就會提高假設力。

想我冒昧來為各位做個總結。

書架就是此人
表現自己的地方。

看到書架就可以看出此人的想法或背景，同時也看得出此人的主張。因此，若想要與對方建立人際關係，試著提出與放在顯眼處的書籍相同的話題。

原來如此，與客戶或主管建立關係時，可以作為話題使用。

如果想提高在公司裡的評價，也要反過來思考。也就是說，在自己的辦公桌上，就算擺放書籍的主題不一樣，也絕對不能放漫畫或與自己興趣有關的書。

觀察力　分析力

從店家端出來的開水
推測料理的手藝

開水的味道，每家店都一樣吧？

開水的味道真的很遲鈍耶。每家店的開水味道大不相同喔。而且，正因為是開水，所以更能呈現出該店的體質。

免費供應的東西就不講究品質，
這種餐廳的料理也不會好吃

初次光顧的餐廳不知道料理是否好吃，從餐廳服務生端出來的開水就知道了。

就算是被大家譽為高級餐廳，如果直接給客人喝自來水，相信他們的料理味道一定比不上端出以淨水器過濾，再滴上檸檬汁的開水的餐廳。

開水是不用付錢而得到的額外服務。免費供應的東西偷工減料，表示這家店不重視細節。

就算使用好食材而且也講究烹飪過程，但如果不在乎細節的話，端出來的餐點味道也只是普通而已。

連免費供應的東西都講究，表示餐廳的運作遊刃有餘

執事服務就是堅持講究細節，才能夠提供好服務給客戶。

例如，以客戶的車接送客戶到機場時，除了車內車外的清潔之外，連引擎蓋裡的引擎也會清潔乾淨。

並不是喜愛車的客戶會檢查引擎才這麼做。正因為連看不到的地方也都會徹底清潔，表示車內空間或車體的清潔已經做到完美無缺的地步了。

執事的
自言自語

名人，特別是日本的名人中，有人不愛提自己的學歷。當然，並不是因為學歷低所以羞於啟齒，倒不如說情況剛好相反，他們擔心說出自己是「哈佛大學畢業」會讓人覺得討厭，所以通常都會閉口不提。

反過來說，沒有清潔引擎室，表示清潔人員沒有多餘的心思照顧到這個地方。也就是說，光是為了清潔車內與車體，就已經耗費大部分的精力。

如果把餐廳的開水例子套用在車子的引擎清潔，應該就能夠明白了吧。

沒有心思照顧到開水品質，證明他們只能處理客戶付費購買的料理。餐廳人員為了處理客戶所需的餐點，就已經費盡所有的心力了。

另一方面，連開水都講究的餐廳，會以七、八成的力氣端出美味料理。由於遊刃有餘，不僅開水，連濕毛巾或待客服務等不收費的部分，也會非常講究。

名人愛光顧的店不會讓客人等待

名人客戶不僅講究料理的品質，也會選擇服務周到的餐廳。

怎麼說呢？例如餐廳會巧妙地安排預約時間，讓客人進入餐廳時不會遇到其他客人。這是最基本應該做到的安排。

甚至如果客人開車過來，餐廳員工代客停車時，會請其他員工引導客人到安排好的座位。就像這樣，名人專用的店家都會考慮周詳地避免讓客人等待。

執事的
自言自語

和世代都在家裡服務的執事不同，我們很少會住進客戶的家裡，基本上是上班八小時。如需二十四小時服務的話，都會以兩班、三班制的方式完成業務。

觀察力 鍛鍊方式‧實踐的重點

免費提供的商品‧服務都要檢視

通常我們都會注意付錢購買的東西或是主要的餐點，不過對於免費提供的東西也要有意識地觀察。

前面舉了餐廳的例子。除了餐廳之外，也可以注意拉麵店、蕎麥麵店等店家免費提供的東西。

還有，除了開水之外，也要試著檢視濕毛巾、紙巾、免洗筷等物品。

在活動會場或店面免費發送的公司小物等，如果仔細觀察就能夠訓練觀察力。不要怕拿了這些東西會嫌累贅就視而不見，儘量伸手拿一個觀察看看吧。

還有，美容院或按摩店等提供首次免費體驗的服務業，也是同樣的道理。

如此就可以明白從事志工活動時，同樣是無償提供服務，有人會努力工作，也有的人混水摸魚。

分析力 鍛鍊方式‧實踐的重點

比較並驗證免費的部分與收費的部分

免費提供的東西呈現了提供者或公司的本質‧體質。腦子裡記著這點，習慣地分析免費提供的物品或服務吧。

開水不好喝、濕毛巾有味道、免洗筷品質差而且拉開會變形……推測這種店家提供的餐點一定不怎麼樣，然後試吃看看吧。

總之，檢視免費提供的東西與料理的味道是否具有相關性。講究免費提供的物品的店家，通常也都能夠做出美味的料理。

同樣地，也試著去體驗美容院或按摩店提供的首次免費服務吧。如果免費體驗不怎麼樣，可以推測就算付錢也不會有太好的服務。

　　可能有人會認為就算免費的部分做得不到位，只要付錢之後就會確實做好吧。不過，連免費提供的部分都無法花心思做好的人或店家，相信就算付了錢也不會把工作做好吧。

　　重複驗證上述的這些推測，相信分析力將會不斷提升。

免費的東西代表
提供者或公司的精神。

我們很容易把注意力放在付費的部分。其實如果注意免費的部分，就會看出提供商品‧服務者或公司的本質‧體質。平常就養成檢視免費物品的習慣吧。

就算是高級料理店也有不足的地方呢。

比起注意價格，觀察店家提供什麼樣的免費商品或服務，更能夠正確看出店家的本質吧。

觀察力

看寵物狗大概就知道
飼主的性格

有狗性格的人是什麼樣的人？

你又在說蠢話了。不是飼主有狗的性格，而是狗的
性格會跟飼主很像！

從寵物狗的品種看出飼主的性格

　　整天陪在身邊的人不知為什麼會越來越像，飼養的狗也有相同情況。狗與飼主長時間共同生活之後，自然就會越來越像主人。

　　因此，看到狗的模樣，某種程度也猜得出飼主的性格或家族的性格。

　　若是溫馴黏人的狗，飼主家庭的人大概都是溫厚老實的人。若是胡亂吠叫的狗，表示飼主家可能有人個性激烈，或者根本就是一個吵鬧的家族。

　　還有，光從狗的品種也大概可以瞭解飼主的性格。

　　例如，飼養杜賓狗的人比較具有攻擊性、貪婪且具有積極性格。反過來說，我至今尚未遇見老實敦厚的杜賓狗飼主呢。

名人飼養的狗較為世故

　　我的名人客戶中有許多人都養狗。

　　名人飼養的狗大體上都很油條。為什麼呢？這是因為名人家中人來人往，狗兒太習慣與不同人相處的緣故。還有，無論喜歡與否，都習慣被人寵愛，可能也是原因之一吧。

　　因此，若是看到有人從外面進來，一般的狗會興奮地湊上前

執事的自言自語

名人習慣家裡有外人。家裡有執事、傭人、遠房親戚等原本就是稀鬆平常的事，因此就算是在執事面前，男主人也會以讓人感到驚訝的輕鬆穿著在家裡走來走去。

去，而名人的狗只會抬頭看一眼，態度非常冷淡。

名人的小孩也會表現出這種冷淡的態度。

社長的小孩等這種出生在高社經地位家庭的小孩，與名人養的狗一樣，很容易獲得他人的奉承與溺愛。身邊的人動不動就會把名人的小孩捧上天，天天「少爺」、「小姐」地叫，所以總覺得這些名人小孩的態度比較冷淡。

執事與客戶類似的情況也很多

其實，執事與主人相似的情況也很多。不只是因為長時間相處的關係，也是因為執事經常陪伴在主人身邊的緣故。

還有，大部分的名人都具有強烈的影響力，也可能是執事受到名人影響的緣故。

我與其他執事見面時，對這點感覺特別深刻。

我因為工作的關係，經常有機會與其他執事碰面。例如前一任執事退休或是因為其他工作而辭職時，我們就必須見面交接。

因此，如果仔細觀察前任執事，會發現許多執事與服侍的主人的思考方式、態度、說話語氣等等都非常類似。

因此，例如執事非常穩重而主人個性非常粗暴的情況，基本

執事的
自言自語

某位名人買了兩雙十萬日圓以上的鞋子。相同鞋款的不同尺寸各一雙，然後再各自丟掉其中一隻鞋。因為名人的左右腳掌大小有些微的差距，若想要讓左右腳都能穿合適的鞋，就只能用這種方法了。

上是不存在的。

中小企業的員工容易受社長影響

若把執事與主人的關係轉換成一般公司，就會成爲下屬與主管或是下屬與社長的關係。

我們經常說看下屬就瞭解主管。其實，在日本的中小企業中，特別容易看到同一家公司的員工在某些部分非常類似的情況。

日本的中小企業不太有員工異動的情況。只要不離職，幾年、幾十年都會一起在同一個工作場所工作，所以很容易受到公司同事的影響。

其實，與長年在中小企業工作的員工見面後，再與其主管或社長見面時，也會發現大家都有類似的性格。

就像這樣，從社長到員工，大家的性格、態度、說話語氣或是思考方式等都非常類似，也就是所謂的「公司文化」。

觀察力 鍛鍊方式・實踐的重點
觀察對象要避開夫妻

本單元是以寵物狗爲討論重點，不過觀察對象就算不是狗也沒關係，也可以觀察公司的主管與下屬的關係，或是朋友、同學、長期交往的情人等等，各種關係都可以是觀察對象。

只是，有一種組合不能作爲觀察對象，請避開。

不能成爲觀察對象的就是男女的關係，例如夫妻關係。

有種說法是夫妻相處久了都會變得很像。不過實際上有許多夫妻就算長年相處也不太像。

或許是因爲男女的差異所造成的影響，基本上不曾見過男女

雙方同時喋喋不休的案例。

　　如果夫妻一方很囉唆，大部分另一方的某部分性格會是沉穩或溫馴的性格。

　　夫妻關係也常看到具有相同價值觀或生活模式，不過性格方面通常是互補關係。由於性格互補，所以能夠取得平衡關係，這樣才能維持良好的夫妻關係吧。

　　因此，夫妻關係無法訓練觀察力。不過，若是同性朋友的組合，大致上都會看到這樣的觀察結果。

　　最快的方法就是觀察身邊最親近的人，與自己的性格或態度之差異。

　　或者反過來找尋雙方的相同點，也能夠訓練觀察力。

想我冒昧來為各位做個總結。

同類相聚。
還有，同類相似。

親子之間相似，有很大的原因可能是遺傳的影響。不過，與別人、飼養的狗長久相處的話，由於受到對方的影響，所以性格、態度、說話語氣等，都會變得越來越像。

我的老家開了一間小工廠，總覺得工廠員工的說話方式跟我老爸非常相似。

如果試著回想看看，或許有些部分確實如此。不過，最好還是實際觀察，對於提升觀察技巧較有幫助。

場景

0
2
4

看寵物狗大概就知道飼主的性格

名人的無理要求 2

我想從別墅看海，砍掉國有林

找出想砍掉國有林的真正理由

一八〇頁將會提到必須不斷詢問「為什麼」、「為什麼」、「為什麼」。執事在工作上如果沒有習慣問「為什麼」、「為什麼」、「為什麼」，有時候就會發生無法挽救的事。

這是有關某位名人的別墅的故事。這位名人的別墅前面有一片國有林地。有一天，主人突然吩咐：「把前面那片樹林砍掉！」

如果這時遵從主人的吩咐，「是的，馬上辦」，這是非常簡單的，但是當時我多問了一句：「為什麼想砍掉樹木呢？」結果主人說：「如果把那邊的樹木砍掉，看出去的景色就會不一樣。」又問：「為什麼希望改變看出去的景色呢？」主人說：「如果沒有那些樹木擋住，從這個別墅就可以直接看到海。」

兩層樓增建為四層樓解決問題

如果依照主人的吩咐，提出申請書要求政府來砍樹，可能也是沒問題的。不過對於別墅而言，那片樹林具有防砂林的功用，而且仔細詢問之下才瞭解，只要能看到海，從別墅哪個位置看都無所謂。

因此，我提出建議：「現在這間別墅是兩層樓，如果增建為四層樓呢？」主人說：「這方法不錯。」於是立刻決定採取這個方案。

名人的解決方式跟一般人果真不一樣呢。

第4章

在家中鍛鍊
「觀察力」

假設力

如果站在否定自己的立場，就會看出對方真正的想法

如果我不在的話，老師會很困擾吧？老師，請您回答「是」。

（其實完全不會⋯⋯）啊，是、是沒錯。不過，其實自己本身通常都沒有自己想的那麼重要呀。

就算自己不在，對方也不會感到困擾？

否定自己的立場，就是建立「如果自己不在」的假設。

例如夫妻關係，就是思考「如果自己不在這個家了，家人會變得如何？」然後會發現「咦？就算自己不在了，枕邊人也不會感到困擾」。

就算自己不在了，枕邊人也不會感到困擾，這意味著自己對於對方而言毫無貢獻。

由於一直待在身邊，所以很容易對家人的存在感覺麻痺。不過其實也可能是因為自己對家庭的貢獻度幾乎是零，或是自己的態度傲慢等，導致家人因此而離開。

「自己沒有拿錢回家，薪水都拿去喝酒了呀。如果從老婆的角度來看的話，就算她找別的男人也是正常的吧」。若以否定自己的角度看待自己的話，就會像這樣客觀地瞭解現狀。

就像這樣的方式，試著站在否定自己的立場來看待自己，就會瞭解從對方的角度所看到的自己的貢獻度與重要性。

沒想到自己請假，公司仍舊照常運作

不僅是家庭，在公司也是一樣，試著否定自己，就會瞭解自己的貢獻度與存在價值。

執事的
自言自語

對於執事而言，與住在客戶附近的鄰居們打好關係是不可或缺的。只是，如果自稱「執事」的話，搞不好有人會心生忌妒。因此，我們多半會假裝是客戶的親戚，「我是遠房親戚，這陣子要在這邊叨擾，請多多指教。」

若是在公司的話，有時候不用想像，就能夠切實感受到自己實際的存在價值。

　　例如，明明認為「如果自己不在，這家公司就經營不下去」，結果因為生病或受傷請假，沒想到公司還是運作得好好的。這樣的例子時有所聞。

　　以正面的角度來想，這是公司同事積極支援的結果，不過這種情況通常會被解讀為自己的貢獻度很低吧。

執事也要思考自己的存在價值

　　執事也會經常思考「如果我們不在的話，主人應該會很傷腦筋吧」。萬一主人沒有特別感到困擾，也可以判斷我們的存在價值是零，所以要設法突顯自己的存在價值。

　　反過來說，「如果執事不在，夫人與小朋友外出就會變得不方便」、「主人全家一起回國的這段時間，如果執事不在就沒有人能夠管理房子、別墅以及遊艇了」。若是這樣的情況，就能夠判斷對於客戶而言，執事有其存在價值。

　　還有，在簽訂執事服務合約之前的洽談中，有的人會以降價的方式爭取合約。其實這是否定自己的做法。

　　總之，要試著在腦中想像，「如果我沒有接受這項工作，客

執事的自言自語

這是一位與鄰居關係交惡的名人的故事。想盡辦法要解決這個狀態的名人做出結論，「一定要讓鄰居看到我對社區的貢獻才行。」於是讓執事假裝成名人的家人，每天早上在住家附近打掃讓鄰居看見。

戶會有多傷腦筋？」

如果我認為自己拒絕這份工作，對方就會找別家公司，那麼就要考慮降價爭取。但如果除了我之外，沒有別人能夠勝任這份工作的話，就要請客戶維持目前的價格簽約。

舉例來說，如果只是需要打掃、洗衣、煮菜等家事服務，有許多家事服務機構可以挑選，所以不降價就無法得到這份工作。

如果除了家事服務之外，還需要祕書兼司機，甚至需要具備開遊艇的技能，這些都是非找執事不可的工作，自然沒有降價的必要。要以這樣的角度來判斷。

擔任名人與鄰居之間的橋樑是執事的工作

提到執事的必要性，有這麼一段故事。

曾經有位客戶提出解約的要求。

這時候，我說「明白了」。但是事後我建立一個「假如我不在」的假設為客戶說明。總之，就是談些日後不能繼續為主人服務的事項，同時交代工作內容。

我像平常一樣，說明大小瑣事之後，主人開始對於「與鄰居之間的關係要從零建立起」這部分感到困擾，於是瞭解到我存在的必要性，最後決定「還是繼續簽約好了」。

其實，由於名人完全不會與鄰居來往，所以鄰居對於名人會給予負面評價。

有錢這件事本來就很容易招人忌妒。所以很容易從小事開始，例如「從來不參加里民大會」、「只有那戶人家不做環境打掃」、「倒垃圾的分類方式不對」等產生意料之外的糾紛。

這時由執事介入，平常與鄰居打招呼、參加里民大會、做些環境打掃或是在規定的日子丟出分類好的垃圾等等，透過這些做法，就可以改善名人與鄰居之間的關係。

假設力 鍛鍊方式‧實踐的重點
不可給自己過高的評價

「假如自己不在」的這種假設，不僅可以套用在家庭中，也可以套用在工作或公司外部等各種情況。請不斷地嘗試看看吧。

實踐的重點是不要害怕否定自我。如果以「他們該不會真的不要我」為前提開始思考的話，就無法客觀地建立假設。萬一真的得到「真的不需要我」的結論，只要修正自己的態度就好了。

還有，給自己寬鬆的評量、過高的評價等都是不對的做法。重要的是從俯瞰的角度看待自己。

想我冒昧來為各位做個總結。

對方不覺得你有
如你自己想的那麼重要。

沒想到身邊的人並沒有把你當成依靠。就算你認為自己能夠做出很厲害的事情，其實你也只是一般人而已。正因為如此，一定要經常照顧家人、同事或是客戶，讓自己成為不可或缺的人。

這不僅能夠訓練觀察技巧，也能夠客觀地評量自己呢。

客觀地評量自己，若發現對於家人或公司沒有貢獻，就要加以改善，最後一定會成為真正重要的人物。

場景 **026** │ 透過點餐
鍛鍊 1

 分析力　　 假設力

針對今晚想吃的東西多方詢問，
就會瞭解對方的背景

……針對想吃的東西提出問題？不知道該問什麼問題耶？

如果想破頭也想不出來的話，試著把自己當成對方也是一個方法喔。

從各種角度問出想吃的理由

每個家庭到了傍晚經常都會出現這樣的問題。

「晚上想吃什麼？」

假設對方回答「煎餃」，「好，我知道了。」如果是這樣的對談，那就只知道對方想吃煎餃。

如果反問對方為什麼想吃煎餃，「看到電視播放餃子的廣告，所以想吃。」這樣就知道理由了。

接著再以不同角度詢問「為什麼是煎餃而不是蒸餃或水餃呢？」對方可能會回答「白天吃得比較清淡，所以晚上想吃重口味的。」

就像這樣，即便是晚餐的一道菜，透過各種不同角度詢問之後，就會瞭解對方的選擇方式或價值觀。

所謂從各種不同角度詢問就是瞭解對方的背景，例如為什麼對方會說出「想吃煎餃」這種話？以前是處於什麼樣的環境所以會想吃煎餃？

不僅是晚飯的一道菜，如果針對一件事從各種角度不斷詢問的話，最後就會看出該問什麼問題，甚至會看到對方的本質，也會明白什麼樣的提問方式能夠得到接近本質的資訊。

這樣的練習有助於提升自己本身的分析能力。

執事的
自言自語

雖然這種機會在日本較少，不過如果雙方握手就能夠瞭解對方的心理狀態。當對方握手的力道強勁有力，表示對方精力旺盛。反過來說，如果握手時手勁柔弱無力，表示對方不想加強雙方的關係，或是單純只是疲勞而已。

成功的執事一定會提問

執事不是只執行主人的指示就好了。運用「直覺」，找出主人內心真正的想法非常重要。

例如，主人說「想吃壽司」時，執事就要從各個角度提問，例如，「肚子餓了嗎？」、「想吃日式料理？」這就是成功的執事。

如果詢問的結果是「因為肚子好餓，想馬上吃到」，那麼比起遠處知名的壽司店，或許附近的迴轉壽司更能讓主人開心呢。

如果主人回答「因為在國外待太久了，很想悠閒地品嘗久沒吃到的日式料理」，那麼在日式料理店的包廂裡悠閒用餐，可能比較能夠讓主人滿意。

主人內心真正的想法是什麼？理解主人的想法再行動，這樣才能夠提供更完美的執事服務。

實際上，我們公司請使用過執事服務的客戶填寫問卷後發現，與服務水準相比，擅長溝通、經常提問的執事所獲得的評價更高。

執事的自言自語

白手起家的名人也很擅長握手。對於久未見面的下屬或平常連話都沒說過的新人，他們也會邊握手邊說：「喂，最近好嗎？」透過握手來抓住下屬的心。我深刻體驗，一旦抓住人的心，也就能夠抓住成功。

提問減少＝「直覺」變得敏銳

無論在家庭或職場都一樣，對於任何事情都要習慣提問。如果不斷訓練，以前要問十個問題才會看到事情的核心，最後只需二、三個問題就能明白了。

這是因爲逐漸瞭解對方的思考方式，只需幾個問題就能夠切中核心。反過來說，問題變少，表示已經培養了觀察技巧。

長年相處的夫婦，就算什麼都沒說也能夠互相明白，這是因爲雙方已經鍛鍊出敏銳的「直覺」了。

分析力 鍛鍊方式・實踐的重點
清楚告知是為對方著想才會提問

若想要看透對方的核心，一開始會問十個或二十個問題。這樣可能會讓對方覺得「這傢伙眞煩」。

因此，必須讓對方不感覺厭煩地頻繁提問。

不讓對方感覺厭煩地頻繁提問的重點，就是坦白說出自己感到疑惑的地方。然後，確實讓對方知道自己始終是爲對方著想的，爲了想更深入瞭解所以才會這樣提問。

另外，還不習慣提問卻一下子要問陌生人一堆問題，這樣也很容易造成麻煩。所以請先透過家人、伴侶或是不會在意的朋友練習，學會巧妙地提問。

還有一個重點是，改變立場提問。

例如，當對方說「想吃煎餃」時，你可以從不同的角度提問，「你上次請好朋友吃煎餃是什麼時候？」

站在他人的立場，透過這個方式就會自然地從不同角度提問，這樣就容易分析核心之所在。

確認對方的反應，同時掌握其思考模式

頻繁提問並得到可能是接近核心的答案時，就試著實際採取行動吧。行動後一定要確認對方的反應。

就像這樣，頻繁提問→得到接近核心的答案→執行→確認對方滿意‧不滿意，透過反覆的練習，掌握對方的思考模式，就能夠訓練假設力。

想我冒昧來為各位做個總結。

能夠頻繁提問的人，
分析力也會提升。

無論接到任何指令都回答「我瞭解了」，乍看是好的，其實並非如此。因為這樣並無法掌握對方真正的想法。不要害羞，越是不斷提問，越能夠鍛鍊分析力，也會成為有能力的人。

我都是聽話照做耶。

聽話照做，任何人都做得到。提問並貼近問題之後，才能夠採取真正滿足對方的行動。

分析力　假設力

不斷問「為什麼」、「為什麼」、「為什麼」，找出真正想吃的理由

一直問「為什麼」、「為什麼」、「為什麼」，這樣好像小學生問個不停。

不要小看頻繁提問的效果喔。因為光是反覆提問，就會鍛鍊出卓越的分析力。

不斷問「為什麼」以找出真正的目的

第一七四頁提到從各種角度提問，以掌握對方的思考模式。

同樣地，不停詢問對方「為什麼」、「為什麼」、「為什麼」的提問方法，對於鍛鍊分析力也非常有用。

例如，對方說晚餐想吃煎餃。

第一次的「為什麼」：「為什麼想吃煎餃？」→「因為看到電視播放的餃子廣告。」

第二次的「為什麼」：「你也看了其他的電視廣告了，為什麼只對煎餃有感覺？」→「因為白天吃得比較清淡，所以晚上想吃重口味的。」

第三次的「為什麼」：「為什麼重口味等於煎餃呢？」→回答：「因為在貧窮的學生時代，重口味的東西只吃得起一盤二百日圓的煎餃。」

——就像這樣，如果不斷重複問「為什麼」，就能夠挖掘出對方思考的深層部分，也就會明白對方的思考邏輯。

一七四頁的多角度詢問法，是掌握對方發言背景並迫近核心的方法。另一方面，不斷重複問「為什麼」，則是挖掘說出此話的理由以接近本質的做法，也就是瞭解對方的思考核心。

> **執事的自言自語**
>
> 遇到刮颱風或大地震等災難時，執事必須先以客戶為重，自己的家只能暫且擱置不管。發生事情的時候，才是證明執事真正價值的時候。也正是這種時候，執事要培養把客戶擺第一位的習慣。

反問的習慣也會得到好處

在一般的家庭中應該會經常出現這樣的對話。

「這週末有空嗎？」

「要工作。」

這樣的回話完全無法瞭解對方詢問的意圖。

這時候如果反問：「我要工作，為什麼要問我的時間安排呢？」對方就會回答：「如果你有空的話，想請你陪我去百貨公司。」

更進一步地詢問對方為什麼想去百貨公司，對方回答：「月底要參加婚禮，想找適合參加婚禮的衣服。」這樣就知道對方問這個問題的真正目的了。

題外話，如果培養「為什麼」的反問習慣，有時候也會得到好處。

舉例來說，在銀行解定存，有時候銀行行員會問：「這筆錢要用在什麼地方？」這時，請試著委婉地反問對方：「為什麼要問這個呢？」搞不好就有機會得到有利的投資訊息。例如，「其實銀行最近推出定期存款的優惠利率方案，我建議您可以採用新的優惠方案繼續定存。」

如果沒有反問，只回答「要支付房子的訂金」、「車貸的自

執事的
自言自語

執事不見得時時刻刻都要穿著西裝。有時候讓別人看出執事的身分反而不妥。因此，有時候主人會視場合需要，要求我們穿Ｔ恤或針織衫等服裝。

瞭解主人真正的需求並預先行動，才是成功的執事。

備款」，對方也只能回答「這樣啊」，然後結束對話。這麼一來就可能錯失投資良機。

名人信賴的是瞭解其內心的執事

我們會教導新人執事，就算是執事的服務工作，如果主人交辦事情也一定要問三次「為什麼」，因為這樣才會瞭解客戶內心的真正想法。

例如，假設主人要你拿鏟子來。只照著主人的吩咐拿鏟子的是普通執事，而成功的執事會問：「為什麼需要鏟子？」

於是主人可能就會透露：「因為要挖掘埋在花園裡的寶物。」若是這樣的話，你就可以建議「請怪手來挖比較快吧？」，或是「要不要找十個人來幫忙挖？」

比起聽話照做乖乖地去拿鏟子的執事，我們的名人客戶更信賴瞭解主人內心，幫忙安排怪手的執事，「你真是瞭解我呀。」

分析力　鍛鍊方式‧實踐的重點
習慣性地確實掌握問話目的

對方的提問一定有目的。

養成確實掌握問話目的的習慣，將會提高分析力。

另外，如果過度頻繁地問「為什麼」、「為什麼」、「為什麼」，會讓人覺得厭煩，所以繞個圈子提問非常重要。例如「原來如此。我明白您說的，不過為什麼……」，像這樣委婉提問。

假設力　鍛鍊方式‧實踐的重點
抓住思考模式鍛鍊假設力

與一七八頁提到的從各種角度提問的方法一樣，反覆問「為什麼」、「為什麼」、「為什麼」→得到接近核心的答案→執行→確認對方滿意‧不滿意，透過這樣的重複過程而掌握住對方的思考模式，將有助於鍛鍊假設力。

想我冒昧來為各位做個總結。

對方的提問
一定有其意義。

問題的背後一定隱藏著對方的真正目的。內心經常抱持著這樣的認知，習慣性地針對問題重複反問「為什麼」，如此就能夠抓住對方真正的目的。

若想要掌握對方真正的目的，就要不斷重複問「為什麼」。

習慣利用「為什麼」，挖掘出對方沒有說出口的真正目的，這樣也會提高分析力。

場景 **028** | 透過書本
鍛鍊

假設力

不要讀太多書

像我這樣，一本書也不讀最好……不是這樣吧？

當然，你的狀況不值得一提！這裡說「不要讀太多」，指的是「就算囫圇吞棗也不會吸收」的意思。

讀再多書也不會吸收

大部分的人認為，如果讀很多書應該就會擁有許多知識。

不過，讀越多書越不會吸收，反而容易浪費時間與金錢。

知識要先吸收之後，才能夠成為可利用的工具。

簡單來說，就像是九九乘法表一樣。若想靈活運用九九乘法表，就要反覆不斷地背誦。

寫在書本裡的知識也是一樣的道理，如果只讀過一回，就算知道大綱，也無法理解透徹到能夠成為自己腦中的知識。

另外，從訓練假設力的觀點來看，光是讀過一回是沒有效果的。

怎麼說呢？那是因為假設力是記住「模式」而鍛練出來的。這裡所謂的模式就是「若 A 則 B」、「如果 C 的時候就會變成 D」，像這種具有規則性的東西。也就是展開故事情節的模式。

例如，「那個人說絕對不行的時候，後面再推他一把就一定會變成 OK」、「如果那位客戶在洽談時遲到，表示自己的重要性降低，甚至連業績都會減少」，像這樣推演故事發生的情節。

模式記得越清楚，越容易在腦中建立正確的假設，也就提高了假設力。

執事的自言自語

現代執事必備的工具就是智慧型手機。透過智慧型手機可以隨時隨地、在任何情況下獲得各種資訊，也能夠透過電子郵件、電話、聊天室等連絡公司的同事等執事的後勤支援，藉此為客戶提供最好的服務。

若不習慣運用假設力則無法徹底學會

其實所謂的模式種類並沒有很多，頂多也只有二十～三十種而已。

簡單來說，就像是記住英文文法一樣。學會幾種模式之後，其他的就是改變單字的排列組合而已。

因此，盡量記住二十～三十種模式，對於培養假設力非常重要。

不過，在還沒記住模式之前，如果一本書接著一本書閱讀的話，將什麼都學不會。

所以，應該不是讀很多本書，而是從一本書當中發現某個假設模式，不斷重複閱讀這本書，直到學會這個模式為止。要看下一本書的話，等掌握這本書所寫的假設模式之後再開始吧。

觀察力或分析力基本上都一樣。不過，假設力的練習特別重要。如果沒有習慣鍛鍊假設力，就絕對無法學會假設力。

要求執事不斷重複閱讀說明手冊

換個話題。進入公司工作時，每家公司應該都有各種與工作相關的說明手冊或公司守則。

有的公司制定了許多手冊，導致工作的做法或行動受到限制

> **執事的自言自語**
>
> 各種不同條件的人都適合擔任執事這個工作。不過我認為我是那種看到別人開心，自己在工作上就會產生動力的人。執事這個工作是為了別人而不是為了自己。不喜歡在幕後進行支援工作的人，就無法長久任職執事這個工作。

而無法施展身手。

我的公司只建立不到三十項的簡單手冊。

為什麼呢？因為執事的工作要求的其實是隨機應變。如果建立太多手冊或守則的話，執事將會不知變通，當然就無法達到客戶的要求。

雖然手冊數量不多，但是公司要求執事絕對要徹底遵守，所以我們會要求公司員工不斷重複閱讀執事手冊，或是針對各個項目的意義深入思考。

我的公司利用這樣的方法不僅運作順利，訓練出來的執事也都能夠靠著隨機應變應付各種複雜的狀況。

假設力 鍛鍊方式．實踐的重點
從經典名著開始找起

「就是這本！」如果看到這樣的好書，請至少要閱讀三～五遍。每閱讀一遍，應該都會有新發現。

那麼，應該挑選什麼書來讀呢？建議可以找各種書籍的最根本來源閱讀。

所謂最根本的來源，多半是所謂的經典名著。總之，就是記錄已經確定的理論之書籍。

其實，最近的商業書籍都只是以簡單易懂的說法，重新詮釋幾年或幾十年前就已經被確立的理論，也有許多書籍都只是以現代風格重新編排而已。

如果想要記住模式，與其閱讀以不同說法詮釋的枝端末節，不如閱讀「經典」著作，更容易萃取出真正的精華。建議可以從這類的書籍找起。

以下提供讀者參考。我的客戶中，日本人的公司經營者最常
閱讀的就是被稱爲日本經營之神，松下幸之助的著作。有的人
不僅閱讀書籍，連演講等錄音全集或 CD 等也都重複聽好幾次
呢。

想我冒昧來為各位做個總結。

本書至少看五遍，
也能夠鍛鍊觀察力。

若想要鍛鍊假設力，必須將訓練化為習慣才行。練習並成為習慣，
將其展現於行動上，這樣才會成為大家認同的善於觀察的人。因
此，請先將本書看過五遍以上吧。

如果不用看很多書的話，那我好像也辦得到耶。

不過別忘了，光看書是不夠的。要習慣看很多遍並
且付諸行動，這樣做甚至能夠改變人的一生呢。

場景

028

不要讀太多書

ideaman 148

日本頂尖執事教你察言觀色的28堂課【暢銷新版】

原著書名──執事が教える 相手の気持ちを察する技術
原出版社──株式会社KADOKAWA
作者──新井直之

譯者──陳美瑛
企劃選書──劉枚瑛　　　版權──吳亭儀、江欣瑜、林易萱
責任編輯──劉枚瑛　　　行銷業務──黃崇華、賴正祐、周佑潔、賴玉嵐

總編輯──何宜珍
總經理──彭之琬
事業群總經理──黃淑貞
發行人──何飛鵬
法律顧問──元禾法律事務所 王子文律師
出版──商周出版
　　　　台北市104中山區民生東路二段141號9樓
　　　　電話：(02) 2500-7008　傳真：(02) 2500-7759
　　　　E-mail：bwp.service@cite.com.tw
　　　　Blog：http://bwp25007008.pixnet.net./blog
發行──英屬蓋曼群島商家庭傳媒股份有限公司城邦分公司
　　　　台北市104中山區民生東路二段141號2樓
　　　　書虫客服專線：(02)2500-7718、(02) 2500-7719
　　　　服務時間：週一至週五上午09:30-12:00；下午13:30-17:00
　　　　24小時傳真專線：(02) 2500-1990；(02) 2500-1991
　　　　劃撥帳號：19863813　戶名：書虫股份有限公司
　　　　讀者服務信箱：service@readingclub.com.tw
　　　　城邦讀書花園：www.cite.com.tw
香港發行所──城邦(香港)出版集團有限公司
　　　　香港灣仔駱克道193號超商業中心1樓
　　　　電話：(852) 25086231傳真：(852) 25789337
　　　　E-mailL：hkcite@biznetvigator.com
馬新發行所──城邦(馬新)出版集團 Cite (M) Sdn Bhd
　　　　41, Jalan Radin Anum, Bandar Baru Sri Petaling,
　　　　57000 Kuala Lumpur, Malaysia.
　　　　電話：(603)90563833　傳真：(603)90576622
　　　　E-mail：services@cite.my

封面設計──copy
內頁編排──林家琪
印刷──卡樂彩色製版印刷有限公司
經銷商──聯合發行股份有限公司 電話：(02)2917-8022　傳真：(02)2911-0053

2015年（民104）11月初版
2022年（民111）10月13日2版
定價350元　Printed in Taiwan　著作權所有，翻印必究　城邦讀書花園
ISBN 978-626-318-426-8　　　　　　　　　　　　　www.cite.com.tw
ISBN 978-626-318-433-6 (EPUB)

SHITSUJI GA OSHIERU AITE NO KIMOCHI WO SASSURU GIJUTSU
© 2013 Naoyuki Arai
First published in Japan in 2013 by KADOKAWA CORPORATION, Tokyo. Complex Chinese translation rights arranged with KADOKAWA CORPORATION.

國家圖書館出版品預行編目(CIP)資料

日本頂尖執事教你察言觀色的28堂課 / 新井直之著；陳美瑛譯. -- 2版. --
臺北市：商周出版：英屬蓋曼群島商家庭傳媒股份有限公司城邦分公司發行，
民111.10　200面；14.8×21公分. -- (ideaman；148)
譯自：執事が教える 相手の気持ちを察する技術
ISBN 978-626-318-426-8 (平裝)

1. CST：人際關係　2. CST：行為心理學　3. CST：讀心術　177.3　111014558

線上版讀者回函卡